Vue.js
kurz & gut

Vue.js
kurz & gut

Lars Peterke

Lars Peterke

Lektorat: Ariane Hesse
Fachgutachter: Joe Ray Gregory, Alexander Schwartz, Martin Wohlrab
Korrektorat: Sibylle Feldmann, www.richtiger-text.de
Satz: III-satz, www.drei-satz.de
Herstellung: Stefanie Weidner
Umschlaggestaltung: Michael Oréal, www.oreal.de
Druck und Bindung: mediaprint solutions GmbH, 33100 Paderborn

Bibliografische Information der Deutschen Nationalbibliothek
Die Deutsche Nationalbibliothek verzeichnet diese Publikation in der Deutschen
Nationalbibliografie; detaillierte bibliografische Daten sind im Internet über
http://dnb.d-nb.de abrufbar.

ISBN:
Print   978-3-96009-092-2
PDF   978-3-96010-246-5
ePub   978-3-96010-247-2
mobi   978-3-96010-248-9

Dieses Buch erscheint in Kooperation mit O'Reilly Media, Inc. unter dem Imprint
»O'REILLY«. O'REILLY ist ein Markenzeichen und eine eingetragene Marke von O'Reilly
Media, Inc. und wird mit Einwilligung des Eigentümers verwendet.

1. Auflage
Copyright © 2019 dpunkt.verlag GmbH
Wieblinger Weg 17
69123 Heidelberg

5 4 3 2 1 0

Inhalt

Teil II: Webentwicklung mit Vue

Teil III: Vue-API

Teil IV: Tägliches Arbeiten mit Vue

Vorwort

Die Anforderungen an moderne Webseiten und Applikationen auf Basis von Webtechnologien sind in den letzten Jahren immens gestiegen. Frontend-Bibliotheken wie *jQuery* (2006) reichen heute nicht mehr aus, um den gestiegenen Anforderungen an Benutzeroberflächen und deren Bedienbarkeit (UI/UX) gerecht zu werden.

In den letzten Jahren taten sich viele JavaScript-Frameworks hervor, die diesen Anforderungen mit strukturierten Ansätzen zur komponentenbasierten Entwicklung und zum Templating gerecht werden wollten. Zu den bekanntesten Frameworks dieser Art zählen *React*, *Angular*, *Ember* und *Vue.js*, das oft einfach nur *Vue* genannt wird.

Unter allen JavaScript-Frameworks hat Vue in den letzten Jahren trotz seines noch jungen Alters die sicherlich beeindruckendste Karriere hingelegt. Und wenn Sie diese Zeilen lesen, haben Sie sich vermutlich dazu entschieden, Vue eine Chance zu geben, oder nutzen es bereits.

Was genau Ihre Motivation auch sein mag, mit dieser Taschenreferenz haben Sie den idealen Begleiter. »Vue.js kurz & gut« behandelt alle wichtigen Aspekte der Vue-Syntax. Damit ist dieses Werk zu gleichen Teilen Einstiegshilfe und Nachschlagewerk für die tägliche Arbeit mit Vue.

Das Buch behandelt Vue 2 in seiner aktuellen Version (2.5).

Der Aufbau dieses Buchs

Diese Kompakteinführung ist in vier Teile gegliedert. In Teil I, »Vue-Grundlagen«, werden alle grundlegenden Funktionen von Vue.js erläutert. Teil II, »Webentwicklung mit Vue«, beschreibt den fortgeschrittenen Einsatz von Vue in Webprojekten mit komponentenbasierter Entwicklung. In Teil III, »Vue-API«, wird auf alle Aspekte der Vue-API eingegangen. Der abschließende vierte Teil, »Tägliches Arbeiten mit Vue«, liefert hilfreiche Informationen zu weiteren Bestandteilen von Vue und gibt einige Tipps zu typischen Aufgaben und Problemen im Arbeitsalltag.

Benötigte Grundlagen

Vue.js ist ein JavaScript-Framework zur Entwicklung moderner Benutzeroberflächen mit Webtechnologien. Sie sollten also gewisse Kenntnisse mitbringen, die in diesem Taschenbuch nicht vermittelt werden können.

Falls Sie bisher noch nie mit JavaScript gearbeitet haben, empfiehlt es sich, zunächst die Grundlagen dieser Sprache zu erlernen. Für die Gestaltung von Oberflächen im Web sind zudem Kenntnisse in der *Hypertext Markup Language* (HTML) sowie über die *Cascading Style Sheets* (CSS) notwendig. Für einige wenige Bereiche in diesem Buch ist es darüber hinaus von Vorteil, ein Grundwissen über modulare Build-Systeme wie npm, Babel und Webpack mitzubringen.

Zu allen genannten Themen sind eigene Werke aus der Reihe »kurz & gut« erhältlich. Für einen umfassenderen Einstieg in die einzelnen Themen eignen sich hingegen Bücher aus der Reihe »Von Kopf bis Fuß«, die ebenfalls im O'Reilly Verlag erschienen ist.

Um die Codebeispiele in diesem Buch zu testen, wird grundsätzlich nur ein einfacher Texteditor mit Syntax-Highlighting wie etwa *Sublime Text* sowie ein aktueller Webbrowser wie etwa *Google Chrome* benötigt.

Langfristig empfiehlt sich ein erweiterter Quelltexteditor wie etwa *Visual Studio Code* von Microsoft. Visual Studio Code ist für PC, Mac und Linux kostenfrei erhältlich. Der integrierte Marketplace hält bereits die nötigen Erweiterungen für die Arbeit mit Vue bereit. Als Alternativen zu Visual Studio Code sind *WebStorm* und *Atom* zu nennen.

Konventionen

Die Syntax für Skriptsprachen wie JavaScript wird von der *Ecma International* als *ECMAScript* spezifiziert. Um maximale Kompatibilität zu gewährleisten, folgen alle Codebeispiele der Syntax von ES5 (ECMAScript 2015). Sie sollten auch in älteren Browsern lauffähig sein.

Ferner werden die folgenden typografischen Konventionen verwendet:

Kursiv
> Kennzeichnet neue Begriffe, Eigennamen, Weblinks sowie Datei- und Pfadangaben.

`Nicht-Proportional-Schrift`
> Kennzeichnet Programmcode und programmspezifische Elemente wie Variablen oder Funktionsnamen in den Textabsätzen.

`Nicht-Proportional-Schrift fett`
> Kennzeichnet Hervorhebungen innerhalb von Codebeispielen oder markiert Befehle, die vom Benutzer einzugeben sind.

> Tipps, Vorschläge und sonstige Anmerkungen werden mit diesem Symbol gekennzeichnet.

Danksagungen

Dieses Buch wäre sicherlich nicht ohne einige Personen aus der Laravel-Community entstanden. Dabei ist Taylor Otwell zu nennen, der mich schon früh auf Vue aufmerksam machte und dafür sorgte, dass ich bereits mit der Version 0.12 von Vue erste Experimente durchführte.

Jeffrey Way und Adam Wathan sind beide hervorragende Lehrer, die genau wie viele andere Autoren innerhalb der Vue-Community mit allerhand Videotutorials, Artikeln und Tweets Dinge beigesteuert haben, die dieses Buch zu dem gemacht haben, was es nun ist.

Weiterer Dank gilt Ariane Hesse, allen weiteren Beteiligten von O'Reilly sowie den Testlesern Roman Arzaroli, Joe Ray Gregory, Alexander Schwartz und Martin Wohlrab.

Ein abschließender Dank geht an Matt Stauffer, der als ein erster Türöffner recht unwissentlich zur Entstehung dieses Buchs beigetragen hat.

TEIL I

Vue-Grundlagen

Los geht's! In diesem Teil machen wir uns mit den Grundlagen von Vue und der Syntax vertraut. Wir besprechen ein erstes Beispiel und lernen mit dem *Reactive Data Binding* eine Kernfunktion von Vue kennen.

Danach sehen wir uns an, wie Daten mit Vue dargestellt werden können. Wir lernen Templates und Kontrollstrukturen kennen und erweitern die von uns erzeugten Vue-Instanzen.

Zum Abschluss beschäftigen wir uns mit Events und Formularfeldern und erstellen erste interaktive Beispiele. Danach sind Sie bereits dazu in der Lage, etwa das HTML einzelner Seiten Ihrer bestehenden Webseite mit Vue aufzupeppen!

KAPITEL 1

Einführung

Vue.js konzentriert sich auf die Gestaltung von Benutzeroberflächen. Dabei wird ganz bewusst kein umfassendes Gesamtpaket angeboten. Stattdessen beschränkt sich der Kern der Vue-Bibliothek bewusst auf den View-Layer. Daher stammt auch der Name, der (im Englischen »vju:« ausgesprochen) ganz ähnlich klingt wie »View«. Durch diesen schlanken Ansatz kann Vue auch in bestehende Projekte leicht integriert werden.

Weitere Funktionalitäten können nach Wunsch durch die inkrementelle Hinzugabe weiterer Bibliotheken und Komponenten sowie die Nutzung moderner Tools ergänzt werden. Für den Anfang genügt jedoch die Referenzierung von Vue über einen CDN-Anbieter wie *jsDelivr*.

 Bei der in den Codebeispielen referenzierten Version von Vue handelt es sich um einen Entwickler-Build. Er ist nicht so performant wie die Version für den produktiven Einsatz, enthält aber umfassendere Fehler- und Warnmeldungen für die Konsole. Für den Einsatz in produktiven Umgebungen sollte ein minifizierter Produktiv-Build von Vue (beispielsweise via *https://cdn.jsdelivr.net/npm/vue/dist/vue.min.js*) referenziert werden.

Sehen wir uns nun einfach ein erstes Beispiel an:

```
<html>
 <head>
  <script src="https://cdn.jsdelivr.net/npm/vue/dist/vue.js">
  </script>
 </head>
```

```
<body>
 <div id="app">
  {{ message }}
 </div>

 <script>
 var app = new Vue({
  el: '#app',
  data: {
   message: 'Hello Vue!'
  }
 })
 </script>
</body>
<html>
```

Dieser Code erzeugt im Browser die folgende Ausgabe:

```
Hello Vue!
```

Hiermit haben wir bereits eine erste Vue-Anwendung geschrieben. Was im ersten Moment lediglich wie das Rendern eines Strings aussieht, ist in Wirklichkeit viel mehr. Das DOM der HTML-Seite und die Daten von Vue sind nun miteinander verknüpft. Durch diese Abhängigkeit werden Änderungen an den Daten sofort im Browser sichtbar. Dieses deklarative Rendering ist eine der Kernfunktionen von Vue.

Speichern Sie den obigen Code also einfach in einer Datei mit der Endung *.html*, öffnen Sie diese Datei in Ihrem Browser und starten Sie anschließend die JavaScript-Konsole (in Chrome ein Rechtsklick auf eine beliebige Stelle und *Untersuchen* wählen). Wenn Sie nun den Befehl `app.message = "Hello again!"` in der Konsole eingeben, erscheint der neue Text direkt im Fenster des Browsers.

KAPITEL 2

Die Vue-Instanz

Die *Root-Instanz* ist das Herzstück jeder Vue-Anwendung. Im Beispiel aus dem vorherigen Kapitel stellt sie etwa das Datenattribut message bereit, dessen Wert mit der Template-Syntax im DOM gerendert wird. Eine typische Vue-Anwendung beginnt immer mit einer Vue-Instanz, die via new Vue erstellt wird.

```
var vm = new Vue({
  ...
})
```

Vue ist teilweise vom MVVM-Pattern (*Model-View-ViewModel*) inspiriert, weshalb für die Instanziierung oft der Variablenname vm (für Viewmodel) genutzt wird.

Bei der Instanziierung wird immer ein Objekt mit Optionen übergeben. Einen Großteil dieser Optionen werden wir in diesem Teil des Buchs besprechen. Eine komplette Auflistung findet sich in Teil III, »Vue-API«.

Von der Root-Instanz ausgehend kann sich eine Baumstruktur ergeben, die sich aus verschachtelten HTML-Elementen und weiteren Komponenten von Vue zusammensetzt. Diese wiederverwendbaren *Components* werden im zweiten Teil dieses Buchs besprochen. Vorab sei jedoch gesagt: Auch Components sind Vue-Instanzen und arbeiten bis auf einige wenige Ausnahmen mit dem gleichen Optionenobjekt wie die Root-Instanz der Vue-Anwendung.

Daten und Funktionen

Immer wenn eine neue Vue-Instanz erzeugt wird, werden zunächst alle Attribute aus dem Objekt data des übergebenen Optionenobjekts in das Reaktivsystem von Vue übertragen. Ändert sich später eines dieser Attribute, wird auch der View-Layer aktualisiert.

```
<div id="app">
  {{ firstName }} {{ lastName }} shot first!
</div>

var vm = new Vue({
  el: '#app',
  data: {
    firstName: "Han",
    lastName "Solo"
  }
})
```

Ändern sich in diesem Beispiel die Werte von firstName oder last Name, wird auch der View-Layer aktualisiert. Dabei ist es wichtig, zu verstehen, dass diese reaktive Funktionalität nur für die Attribute des Objekts data gilt, die bereits bei der Instanziierung existieren.

Die nachträgliche Zuweisung von **vm.sidekick = "Chewbacca"** über die JavaScript-Konsole des Browsers würde zwar das neue Attribut anlegen, Änderungen an sidekick hätten aber keine automatische Aktualisierung des Views zur Folge.

Falls die Funktionalität einer Vue-Anwendung also bestimmte Attribute voraussetzt, die aber erst später mit tatsächlichen Werten gefüllt werden, sollten diese Attribute mit entsprechenden Initialwerten direkt bei der Erstellung der Vue-Instanz definiert werden:

```
data: {
  message: '',
  maxTries: 0,
  showToolbar: false,
  users: [],
  error: null
}
```

Auf alle Attribute aus dem Objekt data kann über die Instanzvariable vm zugegriffen werden, etwa vm.firstName. Darüber hinaus bietet sie Zugriff auf einige besondere Attribute und Funktionen der Instanz. Diese verwenden das Dollarzeichen $ als Präfix und werden im dritten Teil dieses Buchs erläutert.

Lifecycle-Hooks

Jede Vue-Instanz durchläuft bei ihrer Initialisierung mehrere Schritte, etwa die Verarbeitung der Datenattribute, die Kompilierung des Templates oder die Verknüpfung mit dem DOM. Dabei ruft Vue eine Reihe von Funktionen auf, die sogenannten *Lifecycle-Hooks*. Sie ermöglichen es, die einzelnen Schritte während der Instanziierung mit eigenem Code zu erweitern.

```
var vm = new Vue({
  data: {
   foo: 'bar'
  },
  created: function () {
   console.log('foo is: ' + this.foo)
  }
})
```

In diesem Beispiel wird der Text foo is bar in der Konsole des Browsers ausgegeben, sobald die Vue-Instanz erzeugt wurde.

Neben created gibt es noch einige weitere Hooks wie mounted, updated und destroyed, die an unterschiedlichen Punkten während des Lebenszyklus der Vue-Instanz aufgerufen werden. Beim Aufruf dieser Funktionen verweist der Kontext für die Variable this jeweils auf die aufrufende Vue-Instanz.

Falls Sie mit der aktuellen ES7-Syntax arbeiten, sollten Sie bei der Definition von Lifecycle-Hooks unbedingt auf die Verwendung der sogenannten Arrow Functions verzichten. Da *Arrow Functions* immer die nächsthöhere Hierarchieebene als Kontext definieren, zeigt die Variable this nicht wie erwartet auf die Vue-Instanz. Dies führt zu Fehlern wie Uncaught TypeError: Cannot read property of undefined.

KAPITEL 3

Templates

Das Objekt data verwaltet die Daten der Vue-Instanz. Aber wie werden diese Daten an der richtigen Stelle im Browser dargestellt? Hierfür benutzt Vue eine spezielle Template-Syntax, die auf HTML basiert. Mit ihr können einzelne Datenattribute deklarativ an das DOM gebunden werden.

Wie genau das Template für eine Vue-Instanz definiert wird, haben wir bereits im ersten Kapitel dieses Buchs gesehen. Die für das Template relevanten Angaben sind hier fett markiert:

```
<div id="app">
 {{ myMessage }}
</div>

<script>
 var vm = new Vue({
  el: '#app',
  data: {
   myMessage: 'Hello Vue!'
  }
 })
</script>
```

Innerhalb des HTML der Anwendung wurde eine eindeutige ID – hier "app" – für ein HTML-Element festgelegt. Gleichzeitig wird diese ID im Attribut el des Optionenobjekts der Vue-Instanz referenziert. In diesem Codebeispiel wird nun der Div-Container mit der ID "app" mit allen untergeordneten HTML-Elementen als Template für die Vue-Instanz verwendet.

Interpolationen

Die simpelste und gebräuchlichste Form für die Referenzierung von Daten ist die Textinterpolation mit der »Double-Mustache-Syntax« mit je zwei geschweiften öffnenden und schließenden Klammern {{ }}:

```
<span>Message: {{ myMessage }}</span>
```

Das Mustache-Tag wird beim Rendering durch den tatsächlichen Wert des Datenattributs myMessage ersetzt. Eine Aktualisierung erfolgt, sobald sich der Wert von message ändert.

Daten, die über die Double-Mustache-Syntax in das Template eingefügt werden, werden immer als Text interpretiert. Um richtiges HTML auszugeben, dient die sogenannte Direktive v-html:

```
<div id="app">
 <span v-html="rawHtml"></span>
</div>
```

Durch die Nutzung der Direktive v-html wird der Inhalt des Elements span durch den Wert des Datenattributs rawHtml ersetzt und dabei als HTML interpretiert.

Die Double-Mustache-Syntax {{ }} wird für HTML-Attribute nicht unterstützt. Stattdessen ist hier die Direktive v-bind zu verwenden:

```
<a v-bind:href="targetLink">Click here</a>
```

Bei booleschen HTML-Attributen wie selected oder disabled, die durch ihre bloße Existenz den Wert true implizieren, funktioniert v-bind (genau wie bei den Attributen class und style, die wir später noch gesondert betrachten werden) etwas anders:

```
<button v-bind:disabled="isDisabled">Submit</button>
```

Ist der Wert des Datenattributs isDisabled entweder null, undefined oder false, wird das HTML-Attribut disabled nicht an das gerenderte Element <button> angefügt.

Bei allen obigen Beispielen wurden immer nur direkte Werte aus dem Datenobjekt der Vue-Instanz über den Namen ihres jeweiligen Attributs in das Template eingefügt. Vue unterstützt bei der Nutzung von {{ }} oder v-bind aber auch JavaScript-Ausdrücke:

```
{{ number + 1 }}

{{ hasPermission ? 'Yes' : 'No' }}

{{ myMessage.toLowerCase().split('').join(' ') }}

<div v-bind:id="'list-' + id"></div>
```

Alle Ausdrücke werden als JavaScript interpretiert. Dabei bezieht sich der Kontext immer auf die dem Template zugeordnete Vue-Instanz. Jede Interpolation darf allerdings immer nur einen Ausdruck enthalten.

 Alle Ausdrücke in Templates werden gekapselt. Daher haben sie bei ihrer Auswertung nur auf einige ausgewählte globale Klassen wie etwa Math oder Date Zugriff. Falls Sie in Ihrem Projekt beispielsweise eigene globale Variablen definiert haben, können diese innerhalb solcher Ausdrücke nicht verwendet werden.

Direktiven

Direktiven sind Attribute für HTML-Elemente, die mit dem Präfix v- versehen sind und von Vue verwendet werden. Zwei dieser Direktiven haben wir mit v-bind und v-html bereits kennengelernt.

Mit Ausnahme der Direktive v-for sollten alle Direktiven einen einzelnen JavaScript-Ausdruck beinhalten. Die Aufgabe einer jeden Direktive ist die Anwendung bestimmter Seiteneffekte auf das DOM, sobald sich die in den jeweiligen Ausdrücken verwendeten Werte ändern. Erinnern wir uns an dieses Beispiel:

```
<span v-html="myRawHtml"></span>
```

Hier wird die Direktive v-html genutzt, um das Datenattribut myRaw Html als HTML in das Template einzufügen. Sollte sich der Wert von myRawHtml ändern, würde v-html automatisch den HTML-Inhalt von <span> aktualisieren.

Argumente

Einige Direktiven können Argumente erhalten, die über einen Doppelpunkt vom Namen der Direktive getrennt werden. Mit v-bind haben wir bereits solch eine Direktive kennengelernt:

```
<a v-bind:href="url">Click me!</a>
```

Hier wird die Direktive v-bind mit dem Argument href verwendet, um das Ergebnis des auszuwertenden Ausdrucks (das ist hier der Wert des Datenattributs url) an das HTML-Attribut href für das Anchor-Tag zu knüpfen. Ein anderes Beispiel für eine Direktive mit Argumenten ist v-on. Mit ihr können Listener für DOM-Events registriert werden:

```
<a v-on:click="doSomething">Click me!</a>
```

Das Thema Events wird in Kapitel 8 ausführlich behandelt.

Modifizierer

Modifizierer sind Postfixes für Direktiven, die über einen Punkt vom Namen der Direktive getrennt werden. Sie können als eine Art Optionsparameter verstanden werden, die das Standardverhalten einer Direktive beeinflussen.

Beispielsweise kann der Modifizierer .prevent genutzt werden, um der Direktive v-on mitzuteilen, dass vor der Ausführung des Callbacks für das soeben ausgelöste Event event.preventDefault() ausgeführt werden soll:

```
<form v-on:submit.prevent="onSubmit">
  ...
</form>
```

Shorthands

Durch das Präfix v- lassen sich Direktiven leicht von normalen HTML-Attributen unterscheiden. Für besonders häufig genutzte Direktiven kann das auf Dauer aber etwas nervig werden, deshalb stellt Vue für v-bind und v-on Kurzschreibweisen bereit.

Diese Kürzel sehen auf den ersten Blick zwar etwas ungewöhnlich aus, tatsächlich sind die für die Kurzschreibweisen genutzten Zeichen aber valide Zeichen für die Benennung von HTML-Attributen und sollten daher in keinem Browser Probleme verursachen.

Die Kurzschreibweise von v-bind verwendet den Doppelpunkt:

```
<!-- Vollständige Schreibweise -->
<a v-bind:href="url"> ... </a>

<!-- Shorthand -->
<a :href="url"> ... </a>
```

Für die Kurzschreibweise von v-on wird das @-Zeichen genutzt:

```
<!-- Vollständige Schreibweise -->
<a v-on:click="doSomething"> ... </a>

<!-- Shorthand -->
<a @click="doSomething"> ... </a>
```

KAPITEL 4

Computed Properties und Watchers

Die Template-Syntax von Vue ist eine einfache Möglichkeit, um das HTML-Markup einer Seite mit JavaScript-Ausdrücken zu erweitern. Doch auch die Template-Syntax stößt irgendwann an ihre Grenzen. Je komplexer die Ausdrücke werden, desto aufgeblähter erscheint später das Template. Irgendwann sind Logik- und Darstellungsebene nicht mehr klar voneinander getrennt, und man bleibt mit einem unleserlichen Mischmasch zurück:

```
<div id="example">
 {{ text.toLowerCase().split('').join(' ') }}
</div>
```

Um auch bei komplexeren Ausdrücken nicht den Überblick zu verlieren, bietet Vue mit *Computed Properties* die Möglichkeit, Attribute zu berechnen. Computed Properties kapseln so die Logik und können im Template genauso referenziert werden wie ein herkömmliches Datenattribut der Vue-Instanz:

```
<div id="example">
 <p>Text: {{ text }}</p>
 <p>Computed text: {{ computedText }} </p>
</div>

var vm = new Vue({
 el: '#example',
 data: {
  text: 'Hello'
 },
 computed: {
  computedText: function {...} {
   return this.text.toLowerCase().split('').join(' ')
  }
 }
})
```

Dieses Beispiel erzeugt die folgende Ausgabe:

```
Text: Hello
Computed text: h e l l o
```

Da der Wert von computedText in direkter Abhängigkeit zum Wert des Datenattributs text steht und Vue sich dessen bewusst ist, sorgen Änderungen an den Daten der Vue-Instanz automatisch für die Neuberechnung aller Computed Properties und die Aktualisierung des Templates. Ferner erzeugt der Code so keine unerwünschten Seiteneffekte und ist daher leichter zu testen und zu verstehen.

Computed Properties oder Funktionen?

Über das Attribut methods des Optionenobjekts kann (analog zu Computed Properties) auch ein Objekt mit einer Reihe von Funktionen für eine Vue-Instanz definiert werden. So könnte man die Funktionalität von Computed Properties theoretisch mit Funktionen nachbilden:

```
<div id="example">
 <p>Computed text: {{ computedText() }}</p>
</div>

var vm = new Vue({
 el: '#example',
 data: {
  text: 'Hello'
 },
 methods: {
  computedText: function() {
   return this.text.toLowerCase().split('').join(' ')
  }
 }
})
```

Durch den Aufruf der Funktion wird das gleiche Resultat erzielt wie zuvor mit einer Computed Property. Aber ist das eine gute Idee?

Der wesentliche Unterschied: Computed Properties werden basierend auf ihren Abhängigkeiten zwischengespeichert. Bei Funktionen ist das nicht der Fall. Wenn sich der Inhalt der Variablen text nicht ändert, wird Vue bei jedem Aufruf von computedText das zwischengespeicherte Ergebnis zurückliefern und nicht jedes Mal die Funktion neu ausführen.

Das folgende Beispiel zeigt eine Computed Property, die sich niemals ändert, da Date.now() keine modifizierbare Abhängigkeit darstellt:

```
computed: {
 now: function() {
  return Date.now()
 }
}
```

Würden wir diese Computed Property als Funktion definieren, würde Vue bei jedem neuen Rendering des Templates diese Funktion erneut aufrufen. Das kann zu weiteren Problemen führen. Man stelle sich vor, die Funktion würde wesentlich rechenintensivere Aufgaben wie etwa die Iteration auf einem großen Array erledigen. Falls nun eine zweite Computed Property mehrmals auf now zugreift, würde dies zu einer Vervielfachung des Funktionsaufrufs führen und die Geschwindigkeit der Anwendung drastisch verringern. Behalten Sie diesen Umstand daher immer im Hinterkopf und verinnerlichen Sie diesen wichtigen Unterschied zwischen Computed Properties und Funktionen.

Computed Setter

Computed Properties sind »Getter«-Attribute zum reinen Auslesen. Sollte in bestimmten Fällen auch eine Wertzuweisung gewünscht sein, lässt sich zusätzlich ein sogenannter »Setter« definieren:

```
<div id="example">
 {{ fullName }}
</div>

var vm = new Vue({
 el: '#example',
 data: {
  firstName: 'Foo',
  lastName: 'Bar'
 },
```

```
computed: {
 fullName: {
  get: function() {
   return this.firstName + ' ' + this.lastName
  },
  set: function(value) {
   var names = value.split(' ')
   this.firstName = names[0]
   this.lastName = names[names.length - 1]
  }
 }
}
})
```

Bei der Nutzung von Settern muss die Computed Property als Objekt mit Callbacks für get() und set(value) definiert werden. Gibt man nun den Code **vm.fullName = 'Evan You'** in die Konsole des Browsers ein, wird der Setter aufgerufen, wodurch die Werte für firstName und lastName aktualisiert werden.

Watchers

Vue bietet auch einen generischeren Ansatz, um auf Änderungen an den Daten einer Vue-Instanz zu reagieren. Dazu wird für jedes zu beobachtende Attribut ein Callback über das Objekt watch definiert:

```
<div id="example">
 {{ fullName }}
</div>

var vm = new Vue({
 el: '#example',
 data: {
  firstName: 'Foo',
  lastName: 'Bar',
  fullName: 'Foo Bar'
 },
```

```
watch: {
 firstName: function(newValue, oldValue) {
  this.fullName = newValue + ' ' + this.lastName
 },
 lastName: function(newValue, oldValue) {
  this.fullName = this.firstName + ' ' + newValue
 }
 }
})
```

Bei jeder Änderung von firstName oder lastName wird das jeweilige Callback aufgerufen und der Wert von fullName aktualisiert. Dem Callback werden der alte und der neue Wert (hier newValue und oldValue) für das überwachte Datenattribut übergeben. Jedoch ist bereits dieses simple Beispiel repetitiv. Mit einer Computed Property lässt sich die Funktionalität besser umsetzen:

```
var vm = new Vue({
 el: '#example',
 data: {
  firstName: 'Foo',
  lastName: 'Bar'
 },
 computed: {
  fullName: function() {
   return this.firstname + ' ' + this.lastName
  }
 }
})
```

Mit der Deklaration von fullName als Computed Property anstelle eines Datenattributs wird es gleich übersichtlicher! Außerdem wird eine Dopplung der Logik aus den beiden Watcher-Callbacks vermieden. Hier ist nur eine Funktion nötig, um ans Ziel zu kommen. In den meisten Fällen sind Computed Properties also das Mittel der Wahl. Dennoch kann es Situationen geben, in denen ein benutzerdefinierter *Watcher* sinnvoll ist, etwa wenn man als Reaktion auf geänderte Daten eine asynchrone oder rechenintensive Operation anstoßen möchte.

KAPITEL 5

Klassen und Styles verknüpfen

Mindestens genauso wichtig wie das Rendering von Daten in einem Template ist die dynamische Anpassung von Klassen oder Styles für ein HTML-Element basierend auf den Daten der Vue-Instanz. Da es sich bei class und style um herkömmliche HTML-Attribute handelt, kann mit v-bind eine Verknüpfung mit den Daten realisiert und so etwa ein String mit Klassennamen erzeugt werden.

Damit das nicht zu mühselig wird, bietet Vue für diese zwei Attribute einige Zusatzfunktionen an, mit denen auch Arrays oder ganze Objekte innerhalb von v-bind ausgewertet werden können, um die Klassen oder Styles für ein HTML-Element zu rendern.

CSS-Klassen verknüpfen

Vue stellt verschiedene syntaktische Varianten bereit, um CSS-Klassen basierend auf den Daten der Vue-Instanz an ein Element zu knüpfen.

Objektsyntax

Es kann ein Objekt an v-bind:class übergeben werden, um dynamisch zwischen verschiedenen Klassen zu wechseln:

```
<div id="app">
 <div v-bind:class="{ active: isActive }"></div>
</div>

var vm = new Vue({
 el: '#app',
 data: {
```

```
  isActive: true
 }
})
```

Mit diesem Beispiel wird die Anwesenheit der CSS-Klasse active vom Ergebnis der booleschen Prüfung des Datenattributs isActive abhängig gemacht. Ist isActive also true, wird die CSS-Klasse active in das Attribut class an das HTML-Element angefügt. Dieses Beispiel lässt sich beliebig erweitern, indem einfach weitere Attribute an das Objekt angefügt werden:

```
<div id="app">
 <div class="static"
      v-bind:class="{ active: isActive,
      'text-danger': hasError }">
 </div>
</div>

var vm = new Vue({
 el: '#app',
 data: {
  isActive: true,
  hasError: false
 }
})
```

Das erzeugte HTML-Markup des Templates sähe wie folgt aus:

```
<div class="static active"></div>
```

Wie dieses Beispiel zeigt, kann v-bind:class auch ohne Probleme in Kombination mit einem normalen class-Attribut verwendet werden. Vue führt beim Rendern des Templates einfach beide Attribute zusammen. Sobald sich nun der Wert der Datenattribute isActive oder hasError ändert, wird Vue auch das Template aktualisieren.

Das Klassenobjekt muss übrigens nicht zwingend als Ausdruck unter v-bind:class deklariert werden. Stattdessen kann auch einfach ein Objekt aus dem Datenobjekt der Vue-Instanz übergeben werden:

```
<div id="app">
 <div v-bind:class="classObject"></div>
</div>
```

```
var vm = new Vue({
 el: '#app',
 data: {
  classObject: {
   active: true,
   'text-danger': false
  }
 }
})
```

Anstelle eines Datenobjekts lässt sich ebenfalls eine Computed Property verwenden:

```
<div id="app">
 <div v-bind:class="classObject"></div>
</div>
var vm = new Vue({
 el: '#app',
 data: {
  isActive: true,
  errorType: 'fatal'
 },
 computed: {
  classObject: function() {
   return {
    active: this.isActive,
    'text-danger': this.errorType === 'fatal'
   }
  }
 }
})
```

Array-Syntax

Auch Arrays können an v-bind:class übergeben werden:

```
<div id="app">
 <div v-bind:class="[actClass, errClass]"></div>
</div>

var vm = new Vue({
 el: '#app',
 data: {
  actClass: 'active',
  errClass: 'text-danger'
})
```

Dieses Beispiel erzeugt die folgende Ausgabe:

```
<div class="active text-danger"></div>
```

Soll eine Klasse des Arrays je nach Zustand der Daten ausgetauscht werden, kann dies über einen ternären Ausdruck (If-Shorthand) erreicht werden:

```
<div v-bind:class="[isActive ? activeClass : '', errorClass]">
</div>
```

Hier wird die Klasse errorClass immer ausgegeben. activeClass erscheint nur, wenn isActive den Wert true zurückliefert. Falls mehrere ternäre Ausdrücke verwendet werden, kann es jedoch schnell unübersichtlich werden. Daher lassen sich auch Objekte innerhalb von Arrays nutzen:

```
<div v-bind:class="[{ active: isActive }, errorClass]"></div>
```

Mit Components

Benutzt man das Attribut class bei einer Vue-Component, werden die CSS-Klassen an das Root-Element der Component angefügt. Dabei werden bereits bestehende CSS-Klassen nicht überschrieben. Auch wenn Vue-Components bislang noch nicht besprochen wurden, sei an dieser Stelle kurz eine sehr simple Vue-Component deklariert:

```
Vue.component('my-list', {
  template: '<p class="foo bar">My List</p>'
})
```

Soll diese Component nun mit zusätzlichen CSS-Klassen genutzt werden, fügt man sie an anderer Stelle wie folgt in das HTML ein:

```
<my-list class="baz boo"></my-list>
```

Das von der Component erzeugte HTML lautet dann:

```
<p class="foo bar baz boo">My List</p>
```

Natürlich kann dieser Ansatz auch mit v-bind kombiniert werden:

```
<my-list v-bind:class="{ open: isOpen }"></my-list>
```

Dieses Beispiel würde das folgende HTML erzeugen, sofern das Datenattribut isOpen den Wert true zurückliefert:

```
<p class="foo bar open">My List</p>
```

Styles verknüpfen

Bei der Verknüpfung von Styles kümmert sich Vue automatisch um nötige Präfixe für bestimmte CSS-Eigenschaften wie transform und fügt je nach Browser Präfixe wie -webkit- oder -moz- selbstständig an.

Objektsyntax

Auch bei der Verknüpfung von Styles kann ein JavaScript-Objekt übergeben werden:

```
<div id="app">
 <div v-bind:style="{ color: activeColor }"></div>
</div>

var vm = new Vue({
el: '#app',
data: {
 activeColor: 'red',
})
```

Attribute können in Camel Case oder Kebab Case mit Hochkommata geschrieben werden. Aus font-size wird somit also entweder fontSize oder 'font-size':

```
v-bind:style="{ fontSize: titleSize + 'px' }"
```

Um das Template übersichtlich zu halten, ist es sinnvoll, ein Objekt (oder eine Computed Property) an v-bind:style zu übergeben:

```
<div id="app">
 <div v-bind:style="styleObject"></div>
</div>

var vm = new Vue({
el: '#app',
```

```
data: {
  styleObject: {
   color: 'red',
   titleSize: '13px'
  }
})
```

Für jedes CSS-Attribut kann auch ein Array übergeben werden, dessen einzelne Werte mit Präfixen versehen sein können:

```
v-bind:style="{ display: ['-webkit-box', 'flex'] }"
```

Vue wird immer das letzte Element des Arrays wählen, das vom Browser des Anwenders unterstützt wird. In diesem Beispiel wird immer display:flex ausgegeben, sofern der Browser die Implementierung von Flexbox ohne Präfixe unterstützt.

Array-Syntax

Mit der Array-Syntax lassen sich im Fall von v-bind:style mehrere Style-Objekte auf dasselbe Element anwenden:

```
<div v-bind:style="[baseStyle, customStyle]"></div>
```

KAPITEL 6

Bedingtes Rendering mit v-if

Bisher wurden Datenattribute immer direkt in das Template eingefügt. Doch was tun, wenn die Ausgabe der Daten an Bedingungen
geknüpft ist? Für diesen Fall bietet Vue die Direktiven v-if und
v-show an. Mit der Direktive v-if kann das Rendering eines HTML-
Blocks an eine oder mehrere Bedingungen geknüpft werden:

```
<div v-if="shouldDisplay">Hello!</div>
```

Mit der Direktive v-else lässt sich des Weiteren ein else-Block
anfügen:

```
<div v-if="shouldDisplay">Hello!</div>
<div v-else>Goodbye!</div>
```

Mit der Direktive v-else-if sind auch else-if-Blöcke möglich:

```
<div v-if="type === 'A'">A</div>
<div v-else-if="type === 'B'">B</div>
<div v-else-if="type === 'C'">C</div>
```

Ein Element mit der Direktive v-else-if muss unmittelbar nach
einem Element mit v-if folgen. Elemente mit der Direktive v-else
müssen direkt auf ein Element mit v-if oder v-else-if folgen.

Wird v-if in Kombination mit v-for verwendet, erhält v-for eine
höhere Priorität als v-if. Mehr dazu im folgenden Kapitel.

Gruppierung via <template>

Da es sich bei v-if um eine Direktive handelt, muss sie an ein
HTML-Element geknüpft werden. Doch was, wenn ein Block aus
mehreren Elementen mit einem v-if gesteuert werden soll? Unter

anderem für diesen Anwendungsfall bietet Vue zur Gruppierung ein eigenes Element mit dem Namen <template> an:

```
<template v-if="shouldDisplay">
 <h1>Title</h1>
 <p>Paragraph 1</p>
 <p>Paragraph 2</p>
</template>
```

Kontrolle des Renderings mit key

Beim Rendering versucht Vue, so effizient wie möglich zu sein. Daher werden viele Elemente einfach wiederverwertet, anstatt sie jedes Mal von Grund auf neu zu rendern. Dadurch ist Vue nicht nur sehr schnell, es bietet auch weitere Vorteile. Hierzu ein Beispiel:

```
<template v-if="loginType === 'username'">
 <label>Username</label>
 <input placeholder="Username">
</template>
<template v-else>
 <label>Email</label>
 <input placeholder="Email">
</template>
```

Hier wird je nach Art des Benutzer-Log-ins ein anderes Eingabefeld angezeigt. Würde man nun den Wert des Datenattributs loginType ändern, würden bereits vorhandene Eingaben des Benutzers in den Eingabefeldern nicht gelöscht werden. Es wird tatsächlich also nur ein Element <input> gerendert, und Vue tauscht lediglich das Attribut placeholder aus.

Dieses Standardverhalten ist nicht immer gewünscht. Daher gibt es die Möglichkeit, diese Wiederverwertung zu unterbinden, indem man das Attribut key in Kombination mit einem eindeutigen Wert verwendet:

```
<template v-if="loginType === 'username'">
 <label>Username</label>
 <input placeholder="Username" key="username-input">
</template>
<template v-else>
 <label>Email</label>
```

```
<input placeholder="Email" key="email-input">
</template>
```

Durch die Nutzung von key werden beide Eingabefelder von Vue nun komplett unabhängig voneinander betrachtet und bei jeder Änderung des Zustands von v-if von Grund auf neu gerendert.

v-show

Eine weitere Option für die bedingte Darstellung von Elementen ist die Direktive v-show. Ihre Anwendung unterscheidet sich kaum von v-if:

```
<div v-show="shouldDisplay">Hello!</div>
```

Der Unterschied: Die Direktive v-show rendert die Elemente ihres Blocks immer und blendet sie lediglich über die Nutzung des CSS-Attributs display ein und aus.

v-show kann nicht in Kombination mit dem Element <template> genutzt werden und funktioniert nicht mit v-else.

v-if oder v-show?

Bei v-if handelt es sich um ein »echtes« bedingtes Rendering, da hier sichergestellt wird, dass alle Event-Listener und Components des betreffenden Blocks sauber entfernt oder neu instanziiert werden, sobald sich das Ergebnis von v-if ändert.

Ferner folgt v-if dem Konzept des *Lazy Loading*. Ist das Ergebnis von v-if beim erstmaligen Rendering false, passiert zunächst nichts. Der if-Block wird erst gerendert, wenn das betreffende v-if ein erstes Mal true ergibt. Im direkten Vergleich ist v-show viel simpler gestrickt. Die Direktive rendert den Inhalt ihres Blocks in jedem Fall und versteckt ihn lediglich mit CSS-Attributen.

Daher benötigt v-if mehr Leistung für die Zustandsveränderungen, während v-show mehr Leistung beim erstmaligen Rendering braucht. Somit ist v-show besser für Elemente geeignet, die oft ein- und ausgeblendet werden. Für Elemente, die sich zur Laufzeit eher selten ändern, ist hingegen v-if die bessere Wahl.

KAPITEL 7

Iteratives Rendering mit v-for

Für das Rendering von Listen bietet Vue die Direktive v-for an. Mit ihr kann eine Liste von Elementen basierend auf einem Array im Template gerendert werden. Dazu nutzt v-for eine spezielle Syntax im Format item in items. Das Daten-Array wird hier von items repräsentiert. Der Alias für das Element der aktuellen Iteration ist item:

```
<ul id="app">
  <li v-for="item in items">
   {{ item.message }}
  </li>
</ul>

var vm = new Vue({
 el: '#app',
 data: {
  items: [
   { id: 1, message: 'Foo' },
   { id: 2, message: 'Bar' }
  ]
 }
})
```

Das obige Beispiel erzeugt folgende Ausgabe:

```
Foo
Bar
```

Innerhalb von v-for kann auf alle Daten der übergeordneten Hierarchieebene zugegriffen werden. Auch eine Verschachtelung von v-for ist möglich. Darüber hinaus unterstützt v-for eine Schreibweise mit zwei Argumenten, um den Index der aktuellen Iteration zu erhalten:

```
<ul id="app">
 <li v-for="(item, index) in items">
 {{ category }} - {{ index }} - {{ item.message }}
 </li>
</ul>

var vm = new Vue({
 el: '#app',
 data: {
  category: 'Books',
  items: [
   { message: 'Foo' },
   { message: 'Bar' }
  ]
 }
})
```

Dieses Beispiel erzeugt folgende Ausgabe:

```
Books - 0 - Foo
Books - 1 - Bar
```

Falls man die Schreibweise von JavaScript-Iteratoren gewohnt ist, kann man bei der Syntax von v-for statt in auch of benutzen:

```
<div v-for="item of items"></div>
```

Mit v-for kann ebenfalls über Objektattribute iteriert werden:

```
<ul id="app">
 <li v-for="value in object">
 {{ value }}
 </li>
</ul>

var vm = new Vue({
 el: '#app',
 data: {
  object: {
   firstName: 'Luke',
   lastName: 'Skywalker',
   age: 19
```

```
      }
    }
  })
```

Das erzeugte Ergebnis lautet hier:

```
Luke
Skywalker
19
```

Bei der Iteration über ein Objekt kann über die Schreibweise mit zwei Argumenten auf den aktuellen Attributnamen zugegriffen werden:

```
<div v-for="(value, key) in object">
  {{ key }}: {{ value }}
</div>
```

Dieses Template erzeugt folgende Ausgabe:

```
firstName: Luke
lastName: Skywalker
age: 19
```

Wird neben dem Namen des Attributs auch der aktuelle Index benötigt, sollte die Schreibweise mit drei Argumenten verwendet werden:

```
<div v-for="(value, key, index) in object">
  {{ index }}. {{ key }}: {{ value }}
</div>
```

```
0. firstName: Luke
1. lastName: Skywalker
2. age: 19
```

 Bei der Iteration über ein Objekt wird die Reihenfolge der Attribute durch die Reihenfolge der Attributnamen über die Funktion `Object.keys()` bestimmt. Das Ergebnis dieser Funktion kann je nach JavaScript-Engine unterschiedlich sein.

Anstelle von Arrays oder Objekten lassen sich auch Integer an `v-for` übergeben. `v-for` wird dann das entsprechende Intervall rendern:

```
<span v-for="n in 10">{{ n }}</span>
```

Dieses Beispiel erzeugt die folgende Ausgabe:

```
1 2 3 4 5 6 7 8 9 10
```

Genau wie `v-if` kann auch `v-for` in Kombination mit dem Element `<template>` verwendet werden, um für jeden Schleifendurchlauf einen Block an Elementen zu rendern:

```
<ul>
 <template v-for="item in items">
  <li>{{ item.message }}</li>
  <li class="divider"></li>
 </template>
</ul>
```

Werden `v-for` und `v-if` auf demselben Element kombiniert, hat `v-for` eine höhere Priorität. Demnach wird `v-if` für jedes Element neu ausgewertet. Dies kann nützlich sein, wenn nur bestimmte Elemente gerendert werden sollen:

```
<li v-for="todo in todos" v-if="!todo.isComplete">
 {{ todo }}
</li>
```

Das obige Beispiel rendert keine Elemente aus `todos`, die noch nicht komplettiert wurden. Möchte man hingegen das Rendering einer Liste von einer Bedingung abhängig machen, sollte das Element mit `v-for` in einem übergeordneten Element mit `v-if` verschachtelt werden.

v-for mit key

Bei `v-for` aktualisiert Vue für gewöhnlich die HTML-Elemente, die für die Darstellung des Daten-Arrays erzeugt wurden. Wenn sich nun beispielsweise die Reihenfolge dieser Daten ändert, wird Vue nicht einfach die einzelnen HTML-Elemente im DOM verschieben, sondern die ihnen zugewiesenen Daten aktualisieren.

Dieser Ansatz ist zwar effizient, kann aber zu Problemen führen, wenn Vue-Components oder Elemente mit temporären Zuständen (etwa Formularfelder) als Teil einer Liste mit v-for gerendert werden. Genau wie bei v-if kann daher auch bei v-for das Attribut key benutzt werden, um jedes Listenelement klar zu identifizieren.

```
<div v-for="item in items" :key="item.id">
  <div>{{item.name}}</div>
</div>
```

Sofern der anzuzeigende Inhalt nicht äußerst simpel ist, sollte v-for immer zusammen mit dem Attribut key verwendet werden. Wird v-for mit Components genutzt, ist die Angabe von key sogar verpflichtend.

Änderungen von Arrays und Objekten

Damit Vue die Darstellung von Listen mit v-for auch bei Änderungen des entsprechenden Daten-Arrays aktualisiert, überwacht es die folgenden Funktionen zur Mutation von Arrays in JavaScript:

- push()
- pop()
- shift()
- unshift()
- splice()
- sort()
- reverse()

Darüber hinaus werden die Array-Funktionen filter(), concat() und slice() unterstützt. Obwohl diese Funktionen das bestehende Array nicht modifizieren, sondern ein neues Array als Rückgabewert liefern, ist ihre Nutzung performant. Vue wird nicht jedes Mal alle Elemente innerhalb von v-for neu rendern, sondern bestehende Elemente aus dem DOM wiederverwerten.

Aufgrund einiger naturgegebener Einschränkungen von JavaScript gibt es auch bei der Arbeit mit Arrays Einschränkungen. Dadurch kann die Wertzuweisung an einem bestimmten Index sowie die Veränderung der Länge eines Arrays von Vue nicht erkannt werden.

Um die erste Einschränkung zu überwinden, kann die Vue-Funktion set() für das Anlegen von Array-Elementen und die Array-Funktion splice() für das Entfernen von Elementen genutzt werden:

```
Vue.set(vm.items, indexOfItem, newValue)

vm.items.splice(indexOfItem, 1, newValue)
```

Als Alternative zur globalen Funktion Vue.set kann via vm.$set auch über die aktuelle Vue-Instanz auf diese Funktion zugegriffen werden. Um die Einschränkung bei der Anpassung der Länge eines Arrays zu umgehen, kann ebenfalls splice() genutzt werden:

```
vm.items.splice(newLength)
```

Werden einem Objekt Eigenschaften später hinzugefügt oder daraus entfernt, kann Vue diese Änderungen nicht verfolgen. Daher haben nachträglich hinzugefügte Datenattribute keine Aktualisierung des Views zur Folge. Eine Ausnahme gibt es jedoch. Attribute zu einem verschachtelten Objekt lassen sich auch nachträglich hinzufügen. Hierzu ein Beispiel:

```
var vm = new Vue({
 data: {
  product: {
   name: '1984'
  }
 }
})
```

Mit Vue.set oder vm.$set kann dem Objekt product ein weiteres Attribut hinzugefügt werden:

```
Vue.set(vm.product, 'price', 17.99)

vm.$set(vm.product, 'price', 17.99)
```

Sollen hingegen direkt mehrere neue Attribute via Object.assign() hinzugefügt werden, sollte man ein frisches neues Objekt mit allen gewünschten Attributen aus dem alten und neuen Objekt erzeugen:

```
vm.product = Object.assign({}, vm.product, {
 category: 'books',
 type: 'hardcover'
})
```

Anzeige sortierter oder gefilterter Daten

Oft sollen Daten gefiltert oder sortiert angezeigt werden. In solchen Fällen kombiniert man v-for mit einer Computed Property:

```
<div id="app">
 <li v-for="n in evenNumbers">{{ n }}</li>
</div>

var app = new Vue({
 el: '#app',
 data: {
  numbers: [ 1, 2, 3, 4, 5 ]
 },
 computed: {
  evenNumbers: function () {
   return this.numbers.filter(function (number) {
    return number % 2 === 0
   })
  }
 }
})
```

In speziellen Fällen kann ein identisches Resultat natürlich auch mit Funktionen erreicht werden:

```
<div id="app">
 <li v-for="n in even(numbers)">{{ n }}</li>
</div>

var app = new Vue({
 el: '#app',
 data: {
  numbers: [ 1, 2, 3, 4, 5 ]
 },
 methods: {
  even: function (numbers) {
   return numbers.filter(function (number) {
    return number % 2 === 0
   })
  }
 }
})
```

KAPITEL 8

Event-Handling

Mit der Direktive v-on kann Vue auf DOM-Events reagieren:

```
<div id="app">
 <button v-on:click="counter += 1">Add 1</button>
 <p>Button clicks: {{ counter }}</p>
</div>

var vm = new Vue({
 el: '#app',
 data: {
  counter: 0
 }
})
```

Dieses Beispiel erzeugt einen Button, dessen Zähler bei jedem Klick um den Wert 1 erhöht wird. Dazu wird die Direktive v-on zusammen mit dem Namen des gewünschten Events als Argument verwendet. Als Wert wird der JavaScript-Ausdruck counter += 1 definiert.

Natürlich können bei v-on anstelle von JavaScript-Ausdrücken auch Funktionsnamen übergeben werden:

```
<div id="app">
 <button v-on:click="greet">Greet</button>
</div>

var vm = new Vue({
 el: '#app',
 methods: {
  greet: function (event) {
   if (event) {
    alert(event.target.tagName)
   }
  }
```

```
  }
})
```

In diesem Beispiel erzeugt jeder Klick eine Hinweismeldung mit dem Namen des Elements, auf dem das Event ausgelöst wurde. Dabei definiert die verwendete Funktion das Eventobjekt des ausgelösten Events als Parameter.

Anstatt den Namen der Funktion direkt anzugeben, könnte auch ein JavaScript-Ausdruck formuliert werden, der die Funktion aufruft:

```
<div id="app">
 <button v-on:click="say('hi')">Hi!</button>
 <button v-on:click="say('what')">What?</button>
</div>

var vm = new Vue({
 el: '#app',
 methods: {
  say: function (message) {
   alert(message)
  }
 }
})
```

Wird nur der Name der Funktion übergeben, übernimmt Vue die Übergabe des Eventobjekts als Parameter. Bei der Nutzung eines JavaScript-Ausdrucks ist dies jedoch nicht der Fall. Ferner definiert die Funktion say nur einen Parameter message und erwartet gar kein Eventobjekt. Für Situationen, in denen auch der Zugriff auf das Eventobjekt notwendig ist, stellt Vue die Variable $event bereit. Sie kann in jedem JavaScript-Ausdruck für die Direktive v-on eingesetzt werden:

```
<div id="app">
 <button v-on:click="say('hi', $event)">Hi!</button>
</div>

var vm = new Vue({
 el: '#app',
 methods: {
  say: function (message, event) {
   if (event) {
    event.preventDefault()
   }
```

```
   alert(message)
  }
 }
})
```

Event-Modifizierer

Beim Verarbeiten von Events gibt es oft gängige Praktiken, etwa der Aufruf von event.preventDefault() innerhalb des Handlers. Damit der Code schlank bleibt und sich auf die reine Logik fokussieren kann, bietet Vue für die Direktive v-on einige Modifizierer an:

- .stop
- .prevent
- .capture
- .self
- .once
- .passive

```
<!-- Stoppe die Verbreitung des Events  -->
<a v-on:click.stop="doThis"></a>

<!-- Unterbinde die Standardreaktion -->
<form v-on:submit.prevent="onSubmit"></form>

<!-- Benutze den Capture-Modus -->
<div v-on:click.capture="doThis">...</div>

<!-- Löse nur für das eigene Element aus -->
<div v-on:click.self="doThat">...</div>

<!-- Behandle das Event maximal einmal -->
<a v-on:click.once="doThis"></a>

<!-- Wie addEventListener mit der Option passive -->
<div v-on:scroll.passive="onScroll">...</div>
```

Mit Ausnahme von once sind alle Modifizierer ausschließlich in Kombination mit nativen DOM-Events verwendbar.

Die Angabe eines Ausdrucks oder einer Funktion ist übrigens nicht verpflichtend. Sie können auch nur den Modifizierer angeben:

```
<form v-on:submit.prevent></form>
```

Außerdem lassen sich mehrere Modifizierer miteinander verketten:

```
<a v-on:click.stop.prevent="doThat"></a>
```

Hier ist die Rangfolge zu beachten, da Vue den Code in der gleichen Reihenfolge generiert. Während v-on:click.prevent.self also alle Klicks verhindert, würde v-on:click.self.prevent nur die Klicks auf das Element selbst verhindern, nicht aber Klicks auf eventuell vorhandene Unterelemente.

Modifizierer für Tasten- und Mausevents

Bei Tastenevents ist fast immer der entsprechende Key-Code von Belang. Generell kann dieser als Modifizierer angegeben werden:

```
<input v-on:keyup.13="submit">
```

Vue bietet darüber hinaus einige Aliase als Modifizierer an:

```
<input v-on:keyup.enter="submit">
```

Für die folgenden Tasten bietet Vue einen Alias an:

- .enter
- .tab
- .delete (funktioniert für Entf und Backspace)
- .esc
- .space
- .up
- .down
- .left
- .right

Falls zusätzliche Aliase benötigt werden, können diese über das globale Konfigurationsobjekt von Vue wie folgt eingerichtet werden:

```
Vue.config.keyCodes.f1 = 112
```

Der Modifizierer für einen Key-Code kann auch automatisch ohne vorherige Konfiguration von Vue ermittelt werden. Voraussetzung ist, dass der Name des Modifizierers zu den validen Key-Namen von KeyboardEvent.key gehört und in Kebab Case geschrieben wird:

```
<input v-on:keyup.page-down="onPageDown">
```

Hier wird `onPageDown` nur aufgerufen, sofern der JavaScript-Ausdruck `$event.key === 'PageDown'` den Wert `true` ergibt.

Vue bietet zudem einige Modifizierer an, um auf ein Tastenevent nur zu reagieren, wenn gleichzeitig die entsprechende Systemtaste gedrückt gehalten wird:

`.ctrl`

`.alt`

`.shift`

`.meta`

Der Modifizierer `.meta` bezieht sich beim Mac auf die Command-Taste und bei Windows auf die Windows-Taste.

```
<!-- Alt + C -->
<input v-on:keyup.alt.67="clear">

<!-- Strg + Klick -->
<div v-on:click.ctrl="confirm">Confirm</div>
```

Die Modifizierer für Systemtasten müssen bereits gedrückt sein, sobald eine andere Taste gedrückt wird, damit das entsprechende Event auslöst. Um ein simples keyup-Event für eine Systemtaste abzufangen, muss das Event mit dem entsprechenden Key-Code registriert werden, also beispielsweise keyup.17 für die Taste Strg.

Mit dem Modifizierer `.exact` kann zusätzlich der Status definiert werden, der für ein Auslösen des Events einer Systemtaste nötig ist:

```
<!-- Auch wenn Alt oder Umschalt gedrückt sind -->
<button @click.ctrl="onClick">A</button>

<!-- Nur wenn Strg allein gedrückt ist -->
<button @click.ctrl.exact="onCtrlClick">A</button>

<!-- Nur wenn keine Systemtasten gedrückt sind -->
<button @click.exact="onClick">A</button>
```

Schlussendlich beschränken die nachfolgenden Modifizierer das Auslöseverhalten von Klickevents auf eine bestimmte Maustaste:

`.left`

`.right`

`.middle`

Diese Modifizierer werden ähnlich verwendet wie die Modifizierer für Tastenevents:

```
<div class="canvas" @click.right="showContextMenu">
 ...
</div>
```

KAPITEL 9

Formulareingaben mit v-model

Mit der Double-Mustache-Syntax {{ }} lassen sich Daten im Template darstellen. Doch was ist mit Formularfeldern, die ihre Daten gleichzeitig reaktiv anzeigen und modifizieren können?

Mit der Direktive v-model kann eine bidirektionale Verknüpfung zwischen Formularfeldern und ihren Daten definiert werden. Das klingt zunächst wie Zauberei, ist aber eigentlich nur eine Kombination aus herkömmlichem Data Binding und Events mit v-bind und v-on.

Die Direktive v-model wird die HTML-Attribute value (bei Inputs), checked (bei Checkboxen) und selected (bei Drop-downs) immer ignorieren und ihren Standardwert über das verknüpfte Datenattribut herleiten. Die Standardwerte für Formularfelder sollten also immer im Datenobjekt der Vue-Instanz festgelegt werden. Natürlich funktioniert v-model auch mit Vue-Components.

Input (Text)

Auf ein Eingabefeld wird v-model wie folgt angewendet:

```
<div id="app">
 <input v-model="message">
</div>

var vm = new Vue({
 el: '#app',
 data: {
  message: ''
 }
}
```

Textarea

Bei Textfeldern sollte v-model genutzt werden, da Interpolationen innerhalb von ‹textarea› (‹textarea›{{ text }}‹/textarea›) verworfen werden.

```
<div id="app">
 <textarea v-model="message"></textarea>
</div>

var vm = new Vue({
 el: '#app',
 data: {
  message: ''
 }
}
```

Checkbox

Eine einzelne Checkbox mit einem booleschen Wert wird wie folgt verwendet:

```
<div id="app">
 <input type="checkbox" v-model="checked">
</div>

var vm = new Vue({
 el: '#app',
 data: {
  checked: false
 }
}
```

Es ist zudem möglich, mehrere Checkboxen über die Direktive v-model mit einem einzelnen Array zu assoziieren:

```
<div id="app">
 <input type="checkbox"
         id="luke"
         value="Luke"
         v-model="checkedNames">
  <label for="jack">Luke</label>
  <input type="checkbox"
         id="lea"
         value="Lea"
         v-model="checkedNames">
```

```
    <label for="john">Lea</label>
    <input type="checkbox"
           id="han"
           value="Han"
           v-model="checkedNames">
    <label for="mike">Han</label>
</div>

var vm = new Vue({
 el: '#app',
 data: {
  checkedNames: []
 }
}
```

Radio

Radiobuttons verhalten sich in ihrer Anwendung recht ähnlich wie
Checkboxen:

```
<div id="app">
 <input type="radio"
        id="one"
        value="One"
        v-model="picked">
 <label for="one">One</label>
 <br>
 <input type="radio"
        id="two"
        value="Two"
        v-model="picked">
 <label for="two">Two</label>
</div>

var vm = new Vue({
 el: '#app',
 data: {
  picked: null
 }
}
```

Select

Ein Select-Drop-down wird wie folgt erstellt:

```
<div id="app">
```

```
 <select v-model="selected">
  <option disabled value="">Select a hero</option>
  <option>Luke</option>
  <option>Lea</option>
  <option>Han</option>
 </select>
</div>

var vm = new Vue({
 el: '#app',
 data: {
  selected: ''
 }
}
```

Wenn der initiale Wert von selected zu keiner Option des Drop-downs passt, wird Vue das Element <select> automatisch in einem »unselected« Status rendern. Allerdings kann das etwa in iOS zu Problemen führen, da in diesem Fall kein Change-Event ausgelöst wird. Der Anwender kann dadurch niemals die erste Option des Drop-downs auswählen. Es ist daher ratsam, wie im obigen Beispiel immer eine leere, deaktivierte Standardoption zu integrieren.

Auch eine Mehrfachauswahl ist über das Attribut multiple mit einem Array als Datenattribut selected möglich:

```
<div id="app">
 <select v-model="selected" multiple>
  <option>Luke</option>
  <option>Lea</option>
  <option>Han</option>
 </select>
</div>

var vm = new Vue({
 el: '#app',
 data: {
  selected: []
 }
}
```

Natürlich kann eine Drop-down-Liste auch mit v-for erzeugt werden:

```
<div id="app">
```

```
  <select v-model="selected">
   <option v-for="option in options" v-bind:value="option.value">
    {{ option.text }}
   </option>
  </select>
 </div>

 var vm = new Vue({
  el: '#app',
  data: {
   selected: [],
   options: [
    { text: 'Luke', value: 'luke' },
    { text: 'Lea', value: 'lea' },
    { text: 'Han', value: 'han' }
   ]
  }
 }
```

Value Bindings

Die simpelste Option bei der Definition der Auswahlmöglichkeiten
(etwa für eine Drop-down-Liste) ist die Verwendung statischer
Strings:

```
  <select v-model="selected">
   <option value="abc">ABC</option>
  </select>
```

Oft sollen die Eigenschaften der Vue-Instanz aber dynamisch an
das Attribut value von Formularoptionen geknüpft werden. Hierbei
hilft die bereits bekannte Direktive v-bind.

Bei Checkboxen lassen sich die beiden Attribute true-value und
false-value definieren:

```
  <input type="checkbox"
   v-model="toggle"
   true-value="yes"
   false-value="no"
  >
```

Allerdings werden true-value und false-value das Ergebnis von
value nie beeinflussen, da nicht gesetzte Checkboxen nicht an das

abgesendete Formular angefügt werden. Soll der Ausgabewert in jedem Fall als Teil des Formulars abgeschickt werden, sollten anstelle von Checkboxen Radiobuttons verwendet werden.

Radiobuttons werden wie folgt mit `v-bind:value` verwendet:

```
<input type="radio" v-model="pick" v-bind:value="a">
```

Nach der Selektion entspricht der Wert von `pick` dem Wert von `a`, bei dem es sich um ein Datenattribut oder das Ergebnis einer Computed Property oder Funktion handeln kann. Auch bei Optionen für ein Drop-down-Feld ist `v-bind:value` möglich:

```
<select v-model="selected">
 <option v-bind:value="{ number: 123 }">123</option>
</select>
```

Hier wird ein Objekt mit dem Attribut `number` übergeben. Im Anschluss einer Selektion ist das Datenattribut `selected` vom Typ `Object`. Über `selected.number` kann auf den Wert `123` zugegriffen werden.

Die Modifizierer .lazy, .number und .trim

Im Normalfall synchronisiert `v-model` den Wert eines Eingabefelds mit jedem Event `input`. Ist dieses Verhalten nicht gewünscht, kann der Modifizierer `.lazy` genutzt werden, um die Synchronisation mit dem Datenattribut nur noch nach einem Event `change` durchzuführen.

```
<input v-model.lazy="message">
```

Mit `.number` kann der Wert eines Felds automatisch in einen numerischen Wert umgewandelt werden. Das ist nützlich, da selbst Felder mit `type="number"` ihren Wert nur als String zurückliefern:

```
<input v-model.number="age" type="number">
```

Soll die Eingabe eines Benutzers automatisch getrimmt werden (dabei wird der Whitespace am Anfang und Ende des String entfernt), kann der Modifizierer `.trim` verwendet werden:

```
<input v-model.trim="message">
```

TEIL II

Webentwicklung mit Vue

Jetzt, da wir die nötigen Grundlagen kennen, befassen wir uns mit den Möglichkeiten zur Entwicklung ganzer Webprojekte mit Vue. Dazu lernen wir Vue-Components kennen und erfahren, wie wir mit ihnen wiederverwendbare Komponenten erzeugen können.

Im Anschluss erfahren wir, wie wir mit Übergangseffekten (Transitions) unserer Anwendung den nötigen Pfiff verleihen können, und entdecken weitere Funktionen wie Mixins und Filter, die uns dabei helfen, die Vue-Anwendung modularer zu gestalten.

Zum Abschluss lernen wir, wie sich mit der Vue CLI ganz leicht Vue-Projekte erstellen lassen und wie wir mit Single File Components das Maximum aus unseren Vue-Components herausholen können.

Falls Sie Vue-Neuling sind, empfehlen wir Ihnen, zunächst die Grundlagen des ersten Teils mit ein paar Fingerübungen zu festigen, etwa indem Sie sich an kleineren Mini-Anwendungen wie einem Taschenrechner oder einer To-do-Liste versuchen.

KAPITEL 10

Components

Mit den Grundlagen aus dem ersten Teil dieses Buchs lässt sich eine Seite mit Vue interaktiv gestalten, etwa indem auf Formulareingaben reagiert wird. Vue ermöglicht mit den sogenannten Components aber auch die komponentenbasierte Entwicklung komplexerer Apps. Bei Components handelt es sich um wiederverwendbare Vue-Instanzen, die über einen eindeutigen Namen identifiziert werden:

```
<div id="app">
  <button-counter></button-counter>
</div>

<script>
 Vue.component('button-counter', {
  data: function() {
   return {
    count: 0
   }
  },
  template: '<button @click="count++">{{ count }}</button>'
 })

 var vm = new Vue({
  el: '#app'
 })
</script>
```

Hier ist der Name der Component button-counter. Sie wird erstellt, indem die Component mit der Funktion Vue.component über die Vue-Klasse registriert wird. Nun lässt sich die Component wie ein gewöhnliches HTML-Element als <button-counter> innerhalb des Templates der nachfolgend instanziierten Root-Instanz benutzen.

Dies lässt sich dank der Wiederverwendbarkeit beliebig oft wiederholen:

```
<div id="app">
 <button-counter></button-counter>
 <button-counter></button-counter>
 <button-counter></button-counter>
</div>
```

Da es sich bei jeder Component um eine eigene Instanz handelt, verwaltet jede Component auch ihr eigenes Datenattribut count, sodass ein Klick auf einen der drei Buttons keinen der anderen Buttons beeinflusst. Damit das funktioniert, muss die Option data allerdings anders definiert werden. Bislang wurde immer ein JavaScript-Objekt genutzt:

```
data: {
 count: 0
}
```

Bei Components muss data als eine Funktion definiert sein, die das Objekt aus Datenattributen als Rückgabewert verwendet, sodass jede Instanz ihre eigene, unabhängige Kopie dieses Objekts verwaltet:

```
data: function () {
 return {
  count: 0
 }
}
```

Bei der Definition von Components kann auf fast alle hier im Buch vorgestellten Eigenschaften des Optionenobjekts, wie etwa data, computed, watch, methods, sowie alle Lifecycle-Hooks wie created oder mounted zurückgegriffen werden. Die einzigen nicht verfügbaren Eigenschaften sind solche, die sich explizit auf die Funktionalität der Root-Instanz beziehen, wie etwa el zur Angabe des Root-HTML-Elements.

Jede Component benötigt ein eindeutiges Root-Element. Man stelle sich dazu eine Component <blog-post> mit folgendem Template vor:

```
<h3>{{ title }}</h3>
<div v-html="content"></div>
```

Dieses Template würde einen Fehler erzeugen, da es für die neue Component kein eindeutiges Root-Element gibt. Möglich hingegen ist:

```
<div class="blog-post">
 <h3>{{ title }}</h3>
 <div v-html="content"></div>
</div>
```

Außerdem sind Einschränkungen bei ein paar HTML-Elementen zu beachten. Einige Elemente wie <ul>, <li>, <table> oder <select> erlauben nur bestimmte Unterelemente. Umgekehrt können Elemente wie <li>, <tr> oder <option> nur als Unterelement bestimmter Oberelemente existieren. Daraus resultieren einige Probleme bei der Konzeptionierung von Components, wie dieses Beispiel zeigt:

```
<table>
 <blog-post-row></blog-post-row>
</table>
```

Die Component würde in diesem Fall verworfen werden, da das Element <blog-post-row> kein gültiges Unterelement von <table> ist. Mit dem Attribut is kann dieses Problem aber umgangen werden:

```
<table>
 <tr is="blog-post-row"></tr>
</table>
```

Hier wird die Component blog-post-row über das Attribut is auf einem Element <tr> hinterlegt, sodass bei der Erzeugung des Templates keine Informationen verloren gehen und Vue die Component rendern kann.

Components registrieren

In realen Webanwendungen sind alle Components meist in Form einer Baumstruktur ineinander verschachtelt. Eine App könnte etwa zwei Components für Header- und Content-Bereich enthalten. Letzterer enthält vielleicht eine Sidebar-Component mit diversen Widget-Components. Damit Vue mit diesen Components in den Templates arbeiten kann, müssen sie vorab alle mit einem Namen bekannt gemacht werden.

Insbesondere wenn Components in das HTML-DOM einer Anwendung eingefügt werden, sollten bei der Benennung die Regeln des W3C für Custom Elements berücksichtigt werden. Dazu gehört die Verwendung von Kleinbuchstaben und mindestens einem Bindestrich, um Konflikte mit bestehenden oder zukünftigen HTML-Elementen zu vermeiden.

Components können auf zweierlei Arten benannt werden:

```
// Kebab Case
Vue.component('my-component-name', { ... })

// Pascal Case
Vue.component('MyComponentName', { ... })
```

Bei der Benennung in Kebab Case kann eine Component nur via `<my-component-name>` genutzt werden. In Pascal Case ist auch die Verwendung via `<MyComponentName>` möglich, sofern das Template dann später über entsprechende Build-Tools in eine DOM-kompatible Form überführt wird.

Anschließend können die Components registriert werden, wie es im ersten Beispiel zu Kapitelbeginn bereits veranschaulicht wurde:

```
Vue.component('component-a', { ... })
Vue.component('component-b', { ... })
```

Hier werden die Components über die Funktion `Vue.component` der Vue-Klasse registriert. Nun können sie innerhalb aller Root-Instanzen verwendet werden, die nach dieser Registrierung erzeugt werden:

```
<div id="app">
  <component-a></component-a>
  <component-b></component-b>
</div>
```

Dies gilt ebenfalls für verschachtelte Components. Da alle Components untereinander bekannt sind, ist auch das folgende Konstrukt möglich:

```
<div id="app">
 <component-a>
  <component-b></component-b>
```

```
    </component-a>
  </div>
```

Hierbei spricht man von der globalen Registrierung von Components. Sie ist jedoch nicht immer ideal, etwa wenn alte Components noch im Build-Prozess enthalten sind, obwohl sie in der fertigen App nicht mehr genutzt werden. Alternativ können Components auch lokal registriert werden. Dazu werden sie als JavaScript-Objekt definiert und danach in ein Objekt components eingefügt, das wiederum Bestandteil des Optionenobjekts einer Component (oder der Root-Instanz) ist:

```
var ComponentA = { ... }
var ComponentB = { ... }

var vm = new Vue({
 el: '#app'
 components: {
  'component-a': ComponentA,
  'component-b': ComponentB
 }
})
```

Die Attribute von components bestimmen den Namen der jeweiligen Component, während ihr Wert die eigentliche Component enthält. Lokale Components sind den in ihnen verschachtelten Components nicht bekannt und müssen daher auch in ihnen lokal registriert werden:

```
var ComponentA = { ... }
var ComponentB = {
 components: {
  'component-a': ComponentA
 },
 ...
}
```

Props

So richtig nützlich sind Components erst, wenn sie auch mit Daten gefüttert werden. Hierzu werden *Props* (als Abkürzung von Property) genutzt. Props verhalten sich ähnlich wie die Attribute von

HTML-Elementen. Wird dem Prop-Attribut einer Component ein Wert zugewiesen, wird der Wert zu einer Eigenschaft der Component und kann dann wie ein Datenattribut genutzt werden:

```
Vue.component('blog-post', {
 props: ['title'],
 template: '<h3>{{ title }}</h3>'
})
```

Für jede Component können beliebig viele Props definiert werden. So können einer Component unterschiedliche Daten übergeben werden:

```
<blog-post title="My journey with Vue"></blog-post>
<blog-post title="Blogging with Vue"></blog-post>
```

Bei HTML-Attributen wird nicht zwischen Groß- und Kleinschreibung unterschieden, sodass Browser Großbuchstaben umwandeln. Sofern das Template nicht im Rahmen eines Build-Prozesses kompiliert wird, ist das zu beachten. Wird für einen Prop-Namen Camel Case genutzt, muss im Template das Äquivalent in Kebab Case verwendet werden:

```
Vue.component('blog-post', {
 props: ['postTitle'],
 template: '<h3>{{ postTitle }}</h3>'
})
```

```
<blog-post post-title="hello!"></blog-post>
```

Die einfachste Art, um Props zu definieren, ist die Angabe eines Arrays:

```
props: ['title', 'likes', 'draft', 'tags', 'author']
```

Oft soll aber sichergestellt werden, dass jeder Prop ein spezifischer Datentyp zugeordnet wird. In solchen Fällen können Props über ein Objekt definiert werden, bei dem die Attribute den Namen der Prop definieren und der dazugehörige Wert den gewünschten Datentyp:

```
props: {
 title: String,
 likes: Number,
 draft: Boolean,
```

```
    tags: Array,
    author: Object
}
```

Technisch gesehen, müssen Props nicht unbedingt auf einen bestimmten Datentyp beschränkt werden. Zu Dokumentationszwe-
cken hinsichtlich der Funktion der Component ist dies aber sehr
sinnvoll. Außerdem werden bei definierten Datentypen Fehlermeldungen in der Browserkonsole ausgegeben, sobald ein falscher Datentyp für eine Prop übergeben wird.

Werte lassen sich einer Prop auf zwei Arten übergeben. Statische
Werte können einfach als String übergeben werden:

```
<blog-post title="My journey with Vue"></blog-post>
```

Mit v-bind können dynamische Werte einer Prop übergeben werden, beispielsweise das Attribut title aus einem Objekt post:

```
<blog-post v-bind:title="post.title"></blog-post>
```

Props können neben Strings auch andere Datentypen annehmen.
Dazu muss ebenfalls v-bind verwendet werden. So weiß Vue, dass
der übergebene Wert als JavaScript-Ausdruck auszuwerten ist.
Dadurch kann Vue dann den Datentyp ermitteln und korrekt
zuweisen. Numerische Werte etwa werden wie folgt zugewiesen:

```
<blog-post v-bind:likes="42"></blog-post>
```

Obgleich 42 ein statischer Wert ist, kann er über v-bind als Ausdruck ausgewertet und so als Number-Wert an die Prop übergeben
werden. Genauso kann natürlich auch ein Objektattribut übergeben werden:

```
<blog-post v-bind:likes="post.likes"></blog-post>
```

Bei booleschen Werten ist v-bind erforderlich, damit Vue ermitteln
kann, dass es sich bei false nicht einfach um einen String handelt:

```
<blog-post v-bind:draft="false"></blog-post>
```

Verwendet man den Namen einer Prop ohne Wertzuweisung, wird
automatisch true als Wert angenommen:

```
<blog-post is-published></blog-post>
```

Ferner kann ein boolesches Objektattribut übergeben werden:

```
<blog-post v-bind:draft="post.draft"></blog-post>
```

Bei statischen Arrays oder Objektattributen ist v-bind ebenfalls erforderlich, damit ein Array von Vue auch als solches erkannt wird:

```
<blog-post v-bind:tag-ids="[43, 21]"></blog-post>
```

```
<blog-post v-bind:tag-ids="post.tags"></blog-post>
```

Mit v-bind können auch Objekte an eine Prop übergeben werden:

```
<blog-post v-bind:author="{ name: 'Sam', age: 34 }"></blog-post>
```

```
<blog-post v-bind:author="post.author"></blog-post>
```

Es lassen sich ebenfalls Werte für mehrere Props gleichzeitig über ein Objekt zuweisen. Als Grundlage sei folgendes Objekt angenommen:

```
post: {
  id: 1,
  title: 'My Journey with Vue'
}
```

Bei der Benutzung von v-bind ohne die Zugabe des Namens für eine Prop können mehrere Props gleichzeitig zugewiesen werden:

```
<blog-post v-bind="post"></blog-post>
```

ist äquivalent zu:

```
<blog-post
  v-bind:id="post.id"
  v-bind:title="post.title"
></blog-post>
```

Die Zuweisung der Werte auf die jeweiligen Props erfolgt dabei über passende Namen der Objektattribute.

Datenfluss von Prop-Werten

Alle Props bilden einen abwärts gerichteten Datenfluss. Ändert sich etwa der Wert von post.title, wird zwar der Wert der Prop title für die Component <blog-post> aktualisiert, nicht jedoch umgekehrt. Durch diesen einseitigen Datenfluss können bei ineinander verschachtelten Components die untergeordneten Components nicht die Daten der ihr direkt übergeordneten Component verändern.

Die Werte von betroffenen Props werden also automatisch aktualisiert, wenn sich die Daten einer übergeordneten Component ändern. Das bedeutet, dass die Werte von Props innerhalb ihrer Component nie manuell geändert werden sollten. Passiert das dennoch, wird Vue entsprechende Warnmeldungen in der Konsole erzeugen. Im Alltag gibt es zwei Situationen, in denen man versucht ist, den Wert einer Prop ändern zu wollen. Ein typisches Szenario ist die Übergabe eines initialen Werts, den man später weiterverwenden möchte. In so einem Fall sollte der Wert der Prop an ein eigenes Datenattribut der Component übertragen werden:

```
props: ['initialCounter'],
data: function () {
 return {
  counter: this.initialCounter
 }
}
```

Ebenfalls üblich ist die Übergabe von Rohdaten, die in der Component transformiert werden. Dies könnte etwa ein noch zu filterndes Array an Objekten sein. Für solche Fälle sollte eine Computed Property definiert werden, die den Wert der Prop verwendet:

```
props: ['size'],
computed: {
 normalizedSize: function () {
  return this.size.trim().toLowerCase()
 }
}
```

Hierbei ist anzumerken, dass nicht statische Objekte und Arrays in JavaScript als Referenz übergeben werden. Sollte eine entsprechende Prop innerhalb ihrer Component direkt modifiziert werden, hat dies Auswirkungen auf den Zustand der übergeordneten Component.

Validierung von Props

Components können Bedingungen für Props definieren, die bei der Wertübergabe zu erfüllen sind. Das ist besonders nützlich, wenn eine Component von Anwendern weiterverwendet wird, die nicht mit der internen Funktionsweise der Component vertraut sind.

Um Validierungsregeln für Props zu definieren, muss anstelle eines Arrays ein Objekt übergeben werden. Die simpelste Möglichkeit zur Validierung ist die Angabe eines Typs (propA). Mehrere zugelassene Datentypen können über ein Array definiert werden (propB). Dabei ist null grundsätzlich ein valider Wert für alle Datentypen:

```
Vue.component('my-component', {
 props: {
  propA: Number,
  propB: [String, Number]
 }
})
```

Es besteht auch die Möglichkeit, die Wertübergabe für eine Prop als verpflichtend zu markieren. Bei optionalen Props kann hingegen ein Standardwert definiert werden. Dazu wird für jede Prop ein Objekt mit dem Attribut type für den Datentyp und einem weiteren Attribut required oder default für das gewünschte Verhalten übergeben. Eine Besonderheit gibt es bei Objekten und Arrays zu beachten. Bei der Definition von Standardwerten müssen diese über eine Funktion erzeugt werden (propE):

```
Vue.component('my-component', {
 props: {
  propC: {
   type: String,
   required: true
  },
  propD: {
   type: Number,
   default: 100
  },
  propE: {
   type: Object,
   default: function () {
    return { message: 'hello' }
   }
  },
 }
})
```

Oftmals ist die Validierung über den Datentyp mittels type und einer Definition von required oder default ausreichend. Bei komplexen Validierungen kann stattdessen über das Attribut validator eine Funktion zur Validierung angegeben werden:

```
Vue.component('my-component', {
 props: {
  propF: {
   validator: function (value) {
    return ['draft', 'public'].indexOf(value) !== -1
   }
  }
 }
})
```

Alle Props werden vor der Erzeugung der Component validiert. Das bedeutet, dass der Funktion zur Validierung einer Prop keine Datenattribute oder Computed Properties zur Verfügung stehen. Schlägt eine Validierung fehl, wird Vue bei der Verwendung von Entwickler-Builds Warnungen in der Konsole des Browsers erzeugen.

Bei der Wertzuweisung für das Attribut type sind die folgenden Namen gemäß den nativen Konstruktoren des jeweiligen Datentyps zulässig:

- String
- Number
- Boolean
- Array
- Object
- Date
- Function
- Symbol

Ferner kann für type auch eine Konstruktorfunktion definiert werden:

```
function Person (firstName, lastName) {
 this.firstName = firstName
 this.lastName = lastName
}
```

Wird diese Funktion bei der Definition einer Prop verwendet, erfolgt die Validierung über instanceof. Das heißt, dass geprüft wird, ob das übergebene Objekt ursprünglich über new Person erzeugt wurde:

```
Vue.component('blog-post', {
 props: {
```

```
  author: Person
 }
})
```

Non-Prop-Attribute

Unter einem Non-Prop-Attribut versteht man ein Attribut, das einer Component zugewiesen wird, obwohl in ihr keine passende Prop definiert ist. In solchen Fällen wird das Attribut übernommen und an das Root-Element des Templates der jeweiligen Component angefügt. Angenommen, es existiert eine Component mit dem folgenden Root-Element innerhalb ihres Templates:

```
<input type="date" class="form-control">
```

Es kann passieren, dass zusätzliche CSS-Klassen an die Component übergeben werden sollen, etwa dark für eine alternative Darstellung:

```
<my-date-input class="dark"></my-date-input>
```

Da die Component keine Prop mit dem Namen class definiert, wird das Attribut class an das Root-Element <input> der Component angefügt. Damit sind nun zwei unterschiedliche Werte für das Attribut class von <input> definiert: form-control über das Template der Component sowie dark über das Non-Prop-Attribut.

Bei den meisten Attributen würde das der Component übergebene Non-Prop-Attribut ein gleichnamiges Attribut innerhalb der Component überschreiben. Würde etwa type="text" als Non-Prop-Attribut übergeben werden, würde damit der Typ von <input> geändert. Für die Attribute class und style gilt dies allerdings nicht. Vue ist clever genug, um CSS-Klassen und Style-Angaben miteinander zu kombinieren. Für das obige Beispiel lautet das Resultat also:

```
<input type="date" class="form-control dark">
```

Ist die Übernahme von Non-Prop-Attributen nicht gewünscht, kann das über die Eigenschaft inheritAttrs festgelegt werden:

```
Vue.component('my-component', {
 inheritAttrs: false,
})
```

Benutzerdefinierte Events

Der Datenfluss zwischen Components ist einseitig geregelt und erfolgt beginnend mit der Root-Instanz über Props zu den unterschiedlich tief verschachtelten Components. Es kann jedoch vorkommen, dass einer übergeordneten Component Änderungen mitgeteilt werden müssen.

Dazu kann eine Component über die Instanzfunktion $emit ein benutzerdefiniertes Event auslösen:

```
<button v-on:click="$emit('enlarge-text')">
  Enlarge text
</button>
```

Das ausgelöste Event kann von der übergeordneten Component über die Direktive v-on empfangen werden. Um innerhalb des Templates einer übergeordneten Component (oder der Root-Instanz) auf ein Event zu reagieren, kann auf der Component, die das betreffende Event auslöst, ein Listener registriert werden:

```
<div id="app">
  <h1>Latest Posts</h1>
  <div v-bind:style="{ fontSize: size + 'em' }">
    <blog-post
      v-bind:post="post"
      v-on:enlarge-text="size += 0.1"
    ></blog-post>
  </div>
</div>

var vm = new Vue({
  el: '#app',
  data: {
    size: 1.0
  }
})
```

Hierbei ist zu beachten, dass der Name für das Event anders als bei Components oder Props nicht automatisch transformiert wird. Wenn das Event in Camel Case enlargeText genannt wird, löst ein Listener v-on:enlarge-text mit dem Namen in Kebab Case nicht aus.

Ferner werden alle Angaben innerhalb von v-on aus Gründen der Kompatibilität in Kleinbuchstaben konvertiert. Aus v-on:myEvent wird also automatisch v-on:myevent, sodass es faktisch unmöglich ist, einen Event-Listener für $emit('myEvent') zu registrieren. Da Eventnamen in JavaScript aber nie als Namen für Variablen oder Attribute verwendet werden, müssen Eventnamen nicht zwangsläufig in Camel Case oder Pascal Case geschrieben werden. Daher ist es gute Praxis, alle Events generell in Kebab Case zu benennen.

Zusätzlich zum Namen kann beim Auslösen eines Events auch direkt ein Wert mitgegeben werden:

```
<button v-on:click="$emit('enlarge-text', 0.1)">
 Enlarge text
</button>
```

Der übergebene Wert kann im Ausdruck des Event-Listeners über die vordefinierte Variable $event abgefragt werden:

```
<blog-post
 v-bind:post="post"
 v-on:enlarge-text="size += $event"
></blog-post>
```

Falls für v-on eine Funktion als Handler übergeben wird, übergibt Vue den Wert des Events als ersten Parameter an die Funktion:

```
<div id="app">
 <h1>Latest Posts</h1>
 <div v-bind:style="{ fontSize: size + 'em' }">
  <blog-post
   v-bind:post="post"
   v-on:enlarge-text="onEnlargeText"
  ></blog-post>
 </div>
</div>

var vm = new Vue({
 el: '#app',
 data: {
  size: 1.0
 },
 methods: {
  onEnlargeText: function (amount) {
```

```
      this.size += amount
    }
  }
})
```

Native Events an Components knüpfen

Um auf die von einer Component ausgelösten Events zu reagieren, muss der Event-Listener auf der Component selbst registriert werden. Aber was tun, wenn auf native DOM-Events reagiert werden soll, die vom Root-Element einer Component ausgelöst werden? Hierfür bietet Vue den Modifizierer .native an:

```
<my-input v-on:focus.native="onFocus"></my-input>
```

Diese Funktionalität kann nützlich sein, birgt aber auch ein Risiko: Falls sich die Component my-input ändert und plötzlich ein anderes Element zum Root-Element der Component wird, würde der Listener für das focus-Event mit dem Modifizierer .native stillschweigend aufhören zu funktionieren oder vielleicht zur falschen Zeit auslösen.

Vue bietet mit der Instanzeigenschaft $listeners eine Lösung an. Mit ihr können alle Listener, die auf der Component registriert sind, an ein spezifisches Element im Template der Component weitergereicht werden, also etwa an das Element <input> von <my-input>:

```
<input v-on="$listeners">
```

.sync

Gelegentlich wird ein zweiseitiges Data Binding für eine Prop benötigt. Allerdings kann das zu Problemen bei der Wartung führen, da bei der Modifikation einer Prop mit der Weitergabe des neuen Werts eine untergeordnete Component ihre übergeordnete Component ändert. In solchen Fällen ist für die involvierten Components nicht klar, wohin die Änderung geht oder woher sie kommt. Vue sieht für solche Szenarien eine klare Benennung im Format update:my-prop-name vor. Angenommen, es gibt eine Component mit der Prop title. Bei einer Änderung sollte das folgende Event ausgelöst werden:

```
this.$emit('update:title', newTitle)
```

Nun kann die übergeordnete Component auf dieses Event reagieren und das entsprechende Datenattribut aktualisieren, wodurch sich auch der übergebene Wert an die untergeordnete Component aktualisiert:

```
<text-doc
 v-bind:title="doc.title"
 v-on:update:title="doc.title = $event"
></text-doc>
```

Vue bietet für dieses Konstrukt den Modifizierer .sync an:

```
<text-doc v-bind:title.sync="doc.title"></text-doc>
```

Der Modifizierer wird zusammen mit v-bind verwendet. Dadurch fällt die explizite Angabe eines Listeners über v-on weg. Es ist zudem möglich, v-bind.sync unter Angabe eines Objekts zu nutzen. So wird gleichzeitig eine Vielzahl von Werten an Props übergeben, und zusätzlich werden die passenden Events registriert:

```
<text-doc v-bind.sync="docObject"></text-doc>
```

Diese Funktion kann allerdings nicht mit Objekt-Literalen wie etwa v-bind.sync="{ title: docObject.title }" genutzt werden, da Vue hier zu viele mögliche Sonderfälle berücksichtigen müsste.

v-model mit Components

Die Direktive v-model ist tatsächlich ähnlich wie .sync eine Art Alias. Intern wandelt Vue etwa v-model="searchText" wie folgt um:

```
<input
 v-bind:value="searchText"
 v-on:input="searchText = $event.target.value"
>
```

Wird v-model mit einer Component verwendet, ist das also nur ein Alias für die folgende Schreibweise:

```
<custom-input
 v-bind:value="searchText"
 v-on:input="searchText = $event"
></custom-input>
```

Demnach müssen in der Component zwei Dinge umgesetzt werden, damit v-model mit der Component genutzt werden kann:

1. Die Component muss eine Prop mit dem Namen value definieren und diese mit v-bind:value="value" an das Attribut value eines Elements wie <input> knüpfen.

2. Das Element <input> muss einen Listener registrieren, der wiederum selbst ein Event mit dem Namen input erzeugt.

Um v-model mit einer Component nutzen zu können, werden also eine Prop mit dem Namen value sowie das folgende Event benötigt:

```
v-on:input="$emit('input', $event.target.value)"
```

Dieses Verhalten kann angepasst werden, indem die Component ein Objekt model definiert:

```
Vue.component('base-checkbox', {
  model: {
    prop: 'checked',
    event: 'change'
  }
})
```

Über model lassen sich die Namenskonventionen anpassen. Mit dem Attribut prop wird der Name der Prop angegeben, die bei der Angabe von v-model genutzt werden soll. Das Attribut event definiert, auf welches Event Vue bei der Nutzung von v-model hören soll. Vue erwartet nun eine Prop checked (anstelle von value) und ein Event mit dem Namen change (anstelle von input) bei der Nutzung von v-model.

Slots

Je nach Situation sollen Components mit Inhalt gefüllt werden:

```
<alert-box>
  Something bad happened.
</alert-box>
```

Für diese Funktionalität stellt Vue das Element <slot> bereit:

```
Vue.component('alert-box', {
  template: '
```

```
<div class="demo-alert-box">
 <strong>Error!</strong>
 <slot></slot>
</div>
'
})
```

Das Element <slot> definiert, an welcher Stelle des Templates für die Component der Inhalt eingefügt werden soll. Dies können Text, HTML oder andere Components sein. Wird für eine Component kein Slot definiert, wird der eingefügte Inhalt automatisch verworfen.

Je nach Layout einer Component kann es sinnvoll sein, mehrere Slots zu nutzen. Dazu werden Slots mit dem Attribut name eingesetzt, um so unterschiedliche Slots innerhalb eines Templates zu definieren:

```
<div class="container">
 <header>
  <slot name="header"></slot>
 </header>
 <main>
  <slot></slot>
 </main>
 <footer>
  <slot name="footer"></slot>
 </footer>
</div>
```

Soll die Component nun mit ihren verschiedenen Slots genutzt werden, kann das unter Angabe des Attributs slot für ein Element, das den einzufügenden Inhalt umschließt, geschehen:

```
<base-layout>
 <h1 slot="header">
  Here might be a page title
 </h1>
 <p>A paragraph for the main content.</p>
 <template slot="footer">
  <p>Here's some contact info</p>
  <p>And some more</p>
 </template>
</base-layout>
```

Insgesamt gibt es also drei Möglichkeiten für die Nutzung benannter Slots:

- Der Slot-Inhalt wird via `<template>` eingefügt. So lassen sich mehrere Elemente der gleichen Hierarchieebene einfügen.

- Das Attribut `slot` wird direkt auf ein HTML-Element wie `<h1>` angewendet, um es mit seinem Inhalt in den Slot einzufügen.

- Jede Component kann einen namenlosen Slot definieren. Jeder Inhalt, der nicht über das Attribut `slot` einem benannten Slot zugewiesen wurde, wird in diesen unbenannten Slot eingefügt.

Für jeden Slot kann ein Standardinhalt definiert werden:

```
<button type="submit">
  <slot>Submit</slot>
</button>
```

Wird ein Inhalt in die Component eingefügt, würde dies den Text des Buttons anpassen. Wird kein Inhalt eingefügt, sorgt die Component dafür, dass der Button standardmäßig mit *Submit* beschriftet wird.

Oft ist innerhalb von Slots das Rendering von Daten gewünscht:

```
<navigation-link url="/profile">
  Logged in as {{ user.name }}
</navigation-link>
```

Allerdings hat der Inhalt eines Slots immer nur Zugriff auf die gleichen Eigenschaften wie der Rest des aktuellen Templates. Demnach hat der eingefügte Inhalt keinen Zugriff auf die Daten der Component. Hier etwa kann auf die Prop `url` der Component `<navigation-link>` nicht zugegriffen werden.

Scoped Slots

Gerade bei wiederverwendbaren Components ist es für einen Slot oft notwendig, auf Daten der Component zugreifen zu können. So könnte es eine Component `<todo-list>` mit folgendem Template geben:

```
<ul>
  <li v-for="todo in todos" v-bind:key="todo.id">
    {{ todo.text }}
  </li>
</ul>
```

Aber was tun, wenn in bestimmten Teilen der Anwendung neben dem Text auch andere Daten des To-do-Objekts angezeigt werden sollen? Um dieses Problem zu lösen, kann ein Slot definiert werden, dem über die Direktive v-bind das komplette Objekt übergeben wird:

```
<ul>
 <li v-for="todo in todos" v-bind:key="todo.id">
  <slot v-bind:todo="todo">
   {{ todo.text }}
  </slot>
 </li>
</ul>
```

Hier wird für jedes To-do ein Slot definiert, dem das entsprechende Objekt übergeben wird. Die Ausgabe des Texts des jeweiligen To-dos wurde als Standardausgabe definiert. Wird die Component verwendet, kann über das Attribut slot-scope nun auf alle Daten zugegriffen werden, die zuvor mit v-bind an den Slot geknüpft wurden:

```
<todo-list v-bind:todos="todos">
 <template slot-scope="slotProps">
  {{ slotProps.todo.text }}
 </template>
</todo-list>
```

Bei der Verwendung von slot-scope muss ein Name vergeben werden. Anschließend sind beim Einfügen des Inhalts für einen Slot alle zuvor verknüpften Daten über ein gleichnamiges Objekt verfügbar.

Tatsächlich wird bei der Verknüpfung von Daten mit einem Slot eigentlich nichts anderes getan, als Props zu definieren, die außerhalb der Component verwendet werden können. Dabei kann <template> oder auch jedes andere HTML-Element verwendet werden.

Bei der Nutzung von slot-scope kann auch ein beliebiger Ausdruck angeführt werden, der sich an die Richtlinien zur Angabe von Parametern innerhalb von Funktionsdefinitionen hält. So kann etwa in modernen Browsern das sogenannte Object Destructuring genutzt werden:

```
<todo-list v-bind:todos="todos">
 <template slot-scope="{ todo }">
  <span v-if="todo.isComplete"> ✓ </span>
```

```
    {{ todo.text }}
  </template>
</todo-list>
```

Damit kann aus allen mit `v-bind` angefügten Daten ein neues Objekt erzeugt werden. Dies erhöht zudem die Lesbarkeit des Templates.

Dynamische Components

An manchen Stellen ist es sinnvoll, dynamisch zwischen Components wechseln zu können, etwa bei einer Seite mit Tab-Navigation. Vue stellt dazu das Element `<component>` und das spezielle Attribut `is` bereit:

```
<component v-bind:is="tabComponent"></component>
```

Ändert sich der Wert von `tabComponent`, wird Vue die anzuzeigende Component austauschen. Der Wert von `tabComponent` kann der Name einer Component oder ein Optionenobjekt sein.

Beim Wechsel zwischen unterschiedlichen dynamischen Components erstellt Vue immer eine neue Component-Instanz. Ist das aus Gründen der Performance oder der Persistenz nicht erwünscht, kann das Element `<keep-alive>` verwendet werden, um die Components zu cachen:

```
<keep-alive>
  <component v-bind:is="tabComponent"></component>
</keep-alive>
```

Bei der Verwendung von `<keep-alive>` ist zu beachten, dass alle Components über das Attribut `name` oder im Rahmen der lokalen oder globalen Registrierung benannt wurden.

Asynchrone Components

In größeren Anwendungen kann es notwendig sein, eine Aufteilung in mehrere Bestandteile vorzunehmen und die einzelnen Bestandteile erst bei Bedarf zu laden. Dazu kann bei der Registrierung einer Component eine Funktion übergeben werden, die die Definition der Component erst zu gegebener Zeit lädt. Dabei wird das Erzeugnis für spätere erneute Darstellungen zwischengespeichert:

```
Vue.component('a-comp', function (resolve, reject) {
 ...
 resolve({
  template: '<div>I am async!</div>'
 })
})
```

Innerhalb der Funktion muss die Logik zum asynchronen Laden der Component implementiert werden. Dies könnte etwa ein Aufruf an einen Server sein. Im Anschluss wird über die Callback-Funktion resolve() das Optionenobjekt für die zu erzeugende Component zurückgegeben. Schlägt das asynchrone Laden fehl, kann die Funktion reject() aufgerufen werden, um den Vorgang mit einer passenden Meldung abzubrechen.

KAPITEL 11

Übergänge mit \<transition>

Vue bietet eine Vielzahl an Möglichkeiten, um Übergangseffekte auf Elemente anzuwenden, die in das DOM eingefügt, aktualisiert oder entfernt werden. Dazu gehören:

- Die automatische Anwendung von CSS-Klassen für Übergänge und Animationen.
- Direkte DOM-Manipulationen über JavaScript-Hooks.
- Integration von Bibliotheken von Drittanbietern für Animationen auf Basis von CSS oder JavaScript.

Vue stellt das Element \<transition> bereit, mit dem für ein Element oder eine Component ein Übergang für den Ein- und Ausgang der Darstellung definiert werden kann. Dies funktioniert in folgenden Fällen:

- Das Element oder die Component wird nur unter bestimmten Bedingungen mit v-if gerendert oder mit v-show dargestellt.
- Es handelt sich um eine dynamische Component.
- Das Element ist das Root-Element einer Component.

Das Element \<transition> wird wie folgt angewendet:

```
<div id="app">
 <button v-on:click="show = !show">Toggle</button>
 <transition name="fade">
  <p v-if="show">hello</p>
 </transition>
</div>

vm = new Vue({
 el: '#app',
 data: {
```

```
  show: true
  }
})

.fade-enter-active, .fade-leave-active {
  transition: opacity .5s;
}
.fade-enter, .fade-leave-to {
  opacity: 0;
}
```

Folgendes passiert, wenn sich der Wert von show ändert:

1. Vue prüft, ob CSS-Transitions oder -Animations für das Element vorhanden sind, und wird die entsprechenden CSS-Klassen zur richtigen Zeit an das Element anfügen oder davon entfernen. Da die Transition über das Attribut name den Namen fade erhalten hat, wird Vue nach dazu passenden CSS-Klassen wie etwa fade-enter suchen.

2. Definiert die Komponente <transition> JavaScript-Hooks, werden diese zur richtigen Zeit ausgeführt.

3. Wurden keine CSS-Transitions, CSS-Animations oder Java-Script-Hooks definiert, führt Vue die DOM-Operation für das Hinzufügen oder Entfernen von Elementen im nächsten Frame aus. Hierbei handelt es sich allerdings um das nächste Animation-Frame des Browsers und nicht um Vue.nextTick().

Klassen für Übergänge

Vue definiert die folgenden Klassen für die Übergänge:

Klasse	Beschreibung
v-enter	Ausgangszustand zum Einblenden eines Elements. Wird dem Element hinzugefügt, bevor es in das DOM eingefügt wird, und ein Frame später, nach dem Einfügen des Elements, wieder entfernt.
v-enter-active	Zustand während der Einblendung. Wird dem Element hinzugefügt, bevor es ins DOM eingefügt wird, und entfernt, sobald die Transition oder Animation abgeschlossen ist. Kann genutzt werden, um Länge, Verzögerung und Abschwächungskurve für die Einblendung zu definieren.

Klasse	Beschreibung
v-enter-to	Abschließender Zustand der Einblendung eines Elements. Wird ein Frame später nach dem Einfügen (also parallel zur Entfernung von v-enter) hinzugefügt und entfernt, sobald die Transition oder Animation abgeschlossen wurde.
v-leave	Ausgangszustand für die Ausblendung. Wird unmittelbar nach dem Auslösen der Transition dem Element hinzugefügt und ein Frame später wieder entfernt.
v-leave-active	Zustand während des Ausblendens. Wird sofort nach dem Auslösen der Transition hinzugefügt und entfernt, sobald die Transition oder Animation abgeschlossen ist. Diese Klasse kann genutzt werden, um Länge, Verzögerung und Abschwächungskurve für den Übergang der Ausblendung zu definieren.
v-leave-to	Abschließender Zustand der Ausblendung eines Elements. Wird ein Frame später nach dem Auslösen der Transition hinzugefügt (also parallel zur Entfernung von v-leave) und entfernt, sobald die Transition oder Animation abgeschlossen ist.

Jede der Klassen für Übergänge wird mit dem Namen des Übergangs als Präfix ausformuliert. Das Präfix v- ist der Standard, sofern das Element ‹transition› ohne Namen verwendet wird. Wird ein Name wie ‹transition name="fade-item"› vergeben, muss v-enter stattdessen fade-item-enter heißen.

Die Klassennamen für Übergänge folgen einer bestimmten Syntax. Es ist jedoch auch möglich, eigene Klassen zu nutzen. Hierzu verwendet man die folgenden Attribute mit dem Element ‹transition›, um die Klassennamen für die einzelnen Schritte des Übergangs anzugeben:

- enter-class
- enter-active-class
- enter-to-class
- leave-class
- leave-active-class
- leave-to-class

Die Attribute sorgen dafür, dass die vordefinierten Klassennamen von Vue überschrieben werden. Das kann nützlich sein, wenn das System für Übergänge von Vue etwa mit einer bestehenden CSS-

Bibliothek für Animationen kombiniert werden soll, die ihre eigenen Klassennamen mitbringt, beispielsweise wie hier die Bibliothek *Animate.css*:

```
<link  href="https://cdn.jsdelivr.net/npm/
animate.css@3.5.1" rel="stylesheet" type="text/css">

<div id="app">
 <button @click="show = !show">Toggle</button>
 <transition
  name="custom-classes-transition"
  enter-active-class="animated tada"
  leave-active-class="animated bounceOutRight"
 >
  <p v-if="show">hello</p>
 </transition>
</div>
```

CSS-Transitions

Zu den gebräuchlichsten Übergangsarten zählen die CSS-Transitions. Dazu wird die CSS-Eigenschaft transition einem Element hinzugefügt. Anschließend sorgt transition für eine Überblendung der Werte für alle aktiven und neuen CSS-Eigenschaften, hier etwa die Transparenz (opacity) des Elements:

```
<transition name="slide-fade">
 <p v-if="show">hello</p>
</transition>

.slide-fade-enter-active {
 transition: all .3s ease;
}
.slide-fade-leave-active {
 transition: all .8s cubic-bezier(1, 0.5, 0.8, 1);
}
.slide-fade-enter, .slide-fade-leave-to {
 transform: translateX(10px);
 opacity: 0;
}
```

Für die beiden Animationen zum Ein- und Ausblenden lassen sich ganz unterschiedliche Längen definieren. Hier sind es 300 Millisekunden (.3s) für die Einblendung und 800 Millisekunden für das Ausblenden (.8s). Dabei können unterschiedliche Bézierkurven als Zeitfunktionen auf den Übergang angewendet werden. Hier ist es eine vordefinierte Kurve (ease) für die Einblendung sowie eine Kurve mit manuell definierten Werten (cubic-bezier) für das Ausblenden.

CSS-Animations

Die CSS-Animations werden wie die CSS-Transitions angewendet. Der Unterschied ist, dass v-enter nicht direkt nach dem Einfügen des Elements, sondern nach dem Event animationend entfernt wird.

```
<transition name="bounce">
 <p v-if="show">Text</p>
</transition>

.bounce-enter-active {
 animation: bounce-in .5s;
}
.bounce-leave-active {
 animation: bounce-in .5s reverse;
}
@keyframes bounce-in {
 0% {
  transform: scale(0);
 }
 50% {
  transform: scale(1.5);
 }
 100% {
  transform: scale(1);
 }
}
```

Übergänge und Animationen kombinieren

Vue muss Event-Listener registrieren, um das Ende eines Übergangs zu erkennen. Bei dem Event kann es sich um animationend oder transitionend handeln, je nachdem, welche CSS-Eigenschaften verwendet werden. Wird nur eine der beiden Eigenschaften genutzt, kann Vue den richtigen Eventtyp automatisch ermitteln.

Manchmal sollen jedoch beide Varianten kombiniert werden. So könnte es etwa ein Element geben, das über eine von Vue ausgelöste CSS-Animation sowie einen eigenen Hover-Effekt verfügt. Hier sollte `<transition>` zusammen mit dem Attribut type genutzt werden, um Vue den Zieltyp (animation oder transition) mitzuteilen:

```
<transition name="custom-fade" type="animation">
  <p v-if="show">hello</p>
</transition>
```

Explizite Dauer für Übergänge

Vue erkennt meist automatisch, wann ein Übergang abgeschlossen wurde. Dazu wartet Vue auf das erste Event vom Typ animationend oder transitionend der Root-Instanz. Dieses Verhalten mag nicht immer gewünscht sein. Unter Umständen ist der Übergang nur Teil einer größeren Animation, bei der Unterelemente eigene Übergänge definieren, die versetzt ausgelöst werden oder einfach länger dauern. Für solche Fälle lässt sich die duration definieren. Der Wert wird in Millisekunden übergeben:

```
<transition :duration="1000">
  ...
</transition>
```

Wenn ein Objekt übergeben wird, lassen sich auch unterschiedliche Werte für die einzelnen Phasen eines Übergangs definieren:

```
<transition :duration="{ enter: 500, leave: 800 }">
  ...
</transition>
```

JavaScript-Hooks

Darüber hinaus können mit v-on JavaScript-Hooks für einen Übergang definiert werden. Sie werden ausgeführt, sobald die entsprechende Phase des Übergangs erreicht wurde:

```
<div id="app">
 <transition
  v-on:before-enter="beforeEnter"
  v-on:enter="enter"
  v-on:after-enter="afterEnter"
  v-on:enter-cancelled="enterCancelled"
  v-on:before-leave="beforeLeave"
  v-on:leave="leave"
  v-on:after-leave="afterLeave"
  v-on:leave-cancelled="leaveCancelled"
 >
 ...
 </transition>
</div>

var vm = new Vue({
 el: '#app',
 methods: {
  beforeEnter: function (el) {
  ...
  },
  enter: function (el, done) {
  ...
   done()
  },
  afterEnter: function (el) {
  ...
  },
  enterCancelled: function (el) {
  ...
  },
  beforeLeave: function (el) {
  ...
  },
  leave: function (el, done) {
  ...
   done()
  },
  afterLeave: function (el) {
  ...
  },
  leaveCancelled: function (el) {
  ...
  }
 }
})
```

Die Funktionen enter und leave erhalten nicht nur das Element el als Funktionsparameter, sondern auch das zusätzliche Callback done. Die Funktion leaveCancelled ist nur verfügbar, wenn das Element <transition> mit v-show verwendet wird.

Das Callback done ist optional, falls die Hook-Funktion in Kombination mit CSS verwendet wird. Im Umkehrschluss muss done verwendet werden, sofern keinerlei Transitions oder Animations via CSS definiert wurden. Ansonsten würden die Hooks für enter und leave gleichzeitig aufgerufen werden, und der Übergang wäre sofort beendet.

In diesem Zusammenhang ist es auch sinnvoll, v-bind:css="false" für das Element <transition> zu definieren. Dadurch weiß Vue, dass der Übergang über den Programmcode realisiert wird und keinerlei CSS-Eigenschaften mitwirken. Die CSS-Erkennung wird dann übersprungen, wodurch auch ungewollte Seiteneffekte durch bereits vorhandene CSS-Klassen der Anwendung verhindert werden.

Übergänge bei erstmaligem Rendering

Normalerweise werden Übergänge nur ausgelöst, wenn sich das Ergebnis eines relevanten Ausdrucks wie etwa eines v-if ändert. Soll der Übergang für ein Element auch beim erstmaligen Rendern dargestellt werden, lässt sich dies mit dem Attribut appear erreichen:

```
<transition appear>
...
</transition>
```

Normalerweise verwendet Vue die Klassen für enter und leave. Es können aber auch eigene Klassen für appear definiert werden:

```
<transition
 appear
 appear-class="my-appear-class"
 appear-to-class="my-appear-to-class"
 appear-active-class="my-appear-active-class"
>
 ...
</transition>
```

Eigene JavaScript-Hooks sind für appear ebenfalls möglich:

```
<transition
 appear
 v-on:before-appear="myBeforeAppearHook"
 v-on:appear="myAppearHook"
 v-on:after-appear="myAfterAppearHook"
 v-on:appear-cancelled="myAppearCancelledHook"
>
 ...
</transition>
```

Übergänge zwischen zwei Elementen

Bisher wurden immer nur einzelne Elemente ein- oder ausgeblendet. Wie kann ein Element aber durch ein anderes ausgetauscht werden? Eine Möglichkeit dazu stellt die Verwendung von v-if mit v-else dar. Ein typischer Anwendungsfall wäre die Anzeige einer Tabelle oder die Anzeige einer Nachricht, falls keine Elemente gefunden wurden:

```
<transition>
 <table v-if="items.length > 0">
  ...
 </table>
 <p v-else>Sorry, no items found.</p>
</transition>
```

Wird zwischen zwei Elementen gewechselt, die das gleiche HTML-Tag (z.B. div) benutzen, muss die Einzigartigkeit beider Elemente mit dem Attribut key markiert werden. Ansonsten würde der Compiler von Vue aus nur den Inhalt eines Elements austauschen. Enthält ein Element <transition> mehrere Unterelemente, sollten diese ebenfalls immer mit dem Attribut key versehen werden:

```
<transition>
 <button v-if="isEditing" key="save"> Save </button>
 <button v-else key="edit"> Edit </button>
</transition>
```

Hier kann das Attribut key ebenfalls genutzt werden, um die Übergänge auszulösen. So kann das obige Beispiel auch ohne v-if und v-else umgesetzt werden:

```
<transition>
 <button v-bind:key="isEditing">
```

```
   {{ isEditing ? 'Save' : 'Edit' }}
  </button>
 </transition>
```

Darüber hinaus ist es möglich, zwischen einer beliebigen Anzahl an Elementen zu wechseln, indem mehrere Elemente mit v-if verwendet werden:

```
<transition>
 <button v-if="state === 'saved'" key="saved">
  Edit
 </button>
 <button v-if="state === 'edited'" key="edited">
  Save
 </button>
 <button v-if="state === 'editing'" key="editing">
  Cancel
 </button>
</transition>
```

Eine Computed Property kann diese Variante stark vereinfachen:

```
<div id="app">
 <transition>
  <button v-bind:key="docState"> {{ buttonMessage }} </button>
 </transition>
</div>

var vm = new Vue({
 el: = "#app",
 data: {
  state: 'editing'
 },
 computed: {
  buttonMessage: function () {
   switch (this.state) {
    case 'saved': return 'Edit'
    case 'edited': return 'Save'
    case 'editing': return 'Cancel'
   }
  }
 }
})
```

Bei Übergängen mit <transition> werden die Phasen enter und leave immer parallel ausgeführt. Dies ist allerdings nicht immer das gewünschte Standardverhalten, gerade bei Übergängen zwischen zwei Elementen. Vue bietet daher zwei Konfigurationsmöglichkeiten:

- in-out: Das neue Element wird erst vollständig eingeblendet. Danach wird das aktuelle Element ausgeblendet.
- out-in: Das aktuelle Element wird zunächst ausgeblendet. Danach wird das neue Element eingeblendet.

Mit dem Attribut mode lässt sich das neue Verhalten definieren:

```
<transition name="fade" mode="out-in">
```

Übergänge zwischen Components

Um einen Übergang zwischen zwei Components zu realisieren, ist das Attribut key nicht notwendig. Stattdessen wird eine dynamische Component mit einem Element <transition> umschlossen:

```
<div id="app">
 <transition name="comp-fade" mode="out-in">
  <component v-bind:is="view"></component>
 </transition>
</div>

var vm = new Vue({
 el: '#app',
 data: {
  view: 'v-a'
 },
 components: {
  'v-a': {
   template: '<div>Component A</div>'
  },
  'v-b': {
   template: '<div>Component B</div>'
  }
 }
})

.comp-fade-enter-active, .comp-fade-leave-active {
 transition: opacity .3s ease;
}
.comp-fade-enter, .comp-fade-leave-to {
 opacity: 0;
}
```

Übergänge für Listen mit <transition-group>

Bislang wurde immer nur ein Element gleichzeitig dargestellt. Wie sieht es aber mit Listen aus, die mit v-for gerendert werden? In diesen Fällen wird das Element <transition-group> genutzt. Hierbei handelt es sich um eine weitere Komponente von Vue, deren Eigenschaften sich ein wenig von <transition> unterscheiden:

- Anders als <transition> erzeugt <transition-group> ein echtes Element. Im Normalfall ist das ein <span>-Element. Dieses Verhalten kann modifiziert werden, indem mit dem Attribut tag ein anderes Element definiert wird, beispielsweise <transition-group tag="div">.

- Übergangsmodi sind nicht verfügbar, da hier nicht zwischen mehreren Elementen alterniert wird.

- Alle Elemente innerhalb von <transition-group> müssen über das Attribut key eindeutig benannt werden.

Das Element <transition-group> wird wie folgt verwendet:

```
<div id="app">
 <button v-on:click="add">Add</button>
 <button v-on:click="remove">Remove</button>
 <transition-group name="list" tag="p">
  <span
   v-for="element in els"
   v-bind:key="element"
   class="element-entry"
  >
   {{ element }}
  </span>
 </transition-group>
</div>

var vm = new Vue({
 el: '#app',
 data: {
  els: [1,2,3,4,5,6,7,8,9],
  next: 10
 },
 methods: {
```

```
   randIndex: function () {
    return Math.floor(
     Math.random() * this.els.length
    )
   },
   add: function () {
    this.els.splice(this.randIndex(), 0, this.next++)
   },
   remove: function () {
    this.els.splice(this.randIndex(), 1)
   },
  }
 })

 .element-entry {
  display: inline-block;
  margin-right: 10px;
 }
 .list-enter-active, .list-leave-active {
  transition: all 1s;
 }
 .list-enter, .list-leave-to {
  opacity: 0;
  transform: translateY(30px);
 }
```

Auch wenn dieses Beispiel das Ein- und Ausblenden von Elementen einer Liste demonstriert, gibt es dabei jedoch ein Problem. Fügt man ein Element der Liste hinzu oder entfernt ein Element, verschieben sich alle Folgeelemente abrupt zur Seite oder rücken ruckartig auf.

Mit <transition-group> können nicht nur Übergänge für das Ein- und Ausblenden, sondern auch für Bewegungen wie etwa die Änderung der Position eines Listenelements dargestellt werden.

Realisiert wird das durch eine weitere Übergangsklasse mit dem Namen v-move, wobei das Präfix v- wieder durch den Namen der Transition ersetzt werden muss. Natürlich kann mit dem Attribut move-class auch ein individueller Klassenname festgelegt werden.

Mit den folgenden Klassen können die ruckartigen Bewegungen der Listenelemente aus dem vorangegangenen Beispiel korrigiert werden. Dazu wird die CSS-Eigenschaft transition eingesetzt:

```css
.element-entry {
 transition: all 1s;
 display: inline-block;
 margin-right: 10px;
}
.list-enter, .list-leave-to {
 opacity: 0;
 transform: translateY(30px);
}
.list-leave-active {
 position: absolute;
}
.list-move {
 transition: transform 1s;
}
```

KAPITEL 12

Mixins

Über Mixins können Logikblöcke definiert werden, die in mehreren Components wiederverwendet werden können. Dazu wird zunächst ein Objekt erstellt, das Bestandteile eines Optionenobjekts enthält:

```
var myMixin = {
 created: function () {
  this.hello()
 },
 methods: {
  hello: function () {
   console.log('hello from mixin!')
  }
 }
}
```

Dieses Mixin definiert die Lifecycle-Funktion created. Zusätzlich wird eine Funktion hello definiert, die eine Ausgabe in der Konsole erzeugt und innerhalb von created aufgerufen wird. Dieses Mixin kann anschließend mit jeder Component genutzt werden:

```
Vue.component('my-component', {
 mixins: [myMixin]
})
```

Bei der Verwendung von Mixins werden die Eigenschaften einer Component mit den Eigenschaften der Mixins vermischt. Sollten sich dabei bestimmte Eigenschaften überlappen, wird Vue sie über vordefinierte Verfahren zusammenfassen. Bei Datenattributen etwa werden alle Attribute (maximal eine Ebene tief) miteinander verglichen. Dabei erhalten Datenattribute der Component eine bevorzugte Behandlung und überschreiben gleichnamige Attribute der Mixins.

Hook-Funktionen mit dem gleichen Namen werden in einem Array zusammengefasst. Beim Erzeugen der Instanz werden die Hooks aus den Mixins allesamt vor der Hook-Funktion der Component aufgerufen.

Optionen wie `computed` oder `methods`, die als Wert ein Objekt erwarten, werden zu einem Objekt kombiniert. Dabei erhält die Component erneut Priorität, sodass etwa Funktionen der Component gleichnamige Funktionen der Mixins überschreiben.

KAPITEL 13

Filter

Vue ermöglicht die Erstellung von Filtern zur Formatierung von Text. Ein Filter kann innerhalb der Double-Mustache-Syntax {{ }} sowie in Ausdrücken für v-bind verwendet werden. Ein Filter sollte immer an das Ende des JavaScript-Ausdrucks gestellt werden, er wird über einen senkrechten Strich | (Pipe-Zeichen) getrennt.

Für die Double-Mustache-Syntax innerhalb von Templates lautet das Resultat also:

```
{{ message | capitalize }}
```

Mit v-bind werden Filter hingegen wie folgt genutzt:

```
<div v-bind:id="rawId | formatId"></div>
```

Die Funktion eines Filters erhält immer den Wert des Ausdrucks beziehungsweise das Ergebnis der vorangegangenen Kette. Im ersten Beispiel erhält die Filterfunktion für capitalize also den Wert von message als Parameter.

Es können auch mehrere Filter miteinander verkettet werden:

```
{{ message | filterA | filterB }}
```

In diesem Fall erhält die Filterfunktion für filterA den Wert von message. Anschließend wird der Funktion für filterB das Ergebnis von filterA als Wert übergeben.

Da es sich bei Filtern um ganz gewöhnliche JavaScript-Funktionen handelt, können Filtern natürlich auch Parameter übergeben werden:

```
{{ message | filterA('arg1', arg2) }}
```

Hier sind für die Filterfunktion für filterA drei Parameter definiert. Der Wert von message wird als erster Parameter übergeben, gefolgt von dem String 'arg1' als zweiten und dem Ergebnis des Ausdrucks arg2 als dritten Parameter.

Um einen globalen Filter zu definieren, ruft man die globale Funktion Vue.filter vor dem Erzeugen der Vue-Instanz auf:

```
Vue.filter('capitalize', function (val) {
 if (!val) return ''
 val = val.toString()
 return val.charAt(0).toUpperCase() + val.slice(1)
})
```

Alternativ kann ein Filter auch lokal für eine Component als Teil des Optionenobjekts definiert werden:

```
filters: {
 capitalize: function (va) {
  if (!val) return ''
  val = val.toString()
  return val.charAt(0).toUpperCase() + val.slice(1)
 }
}
```

KAPITEL 14

Renderfunktionen

Vue empfiehlt für den Großteil aller Anwendungsszenarien die Nutzung von Templates. Es kann allerdings Situationen geben, in denen eine komplexere, programmatische Lösung benötigt wird. Hier bieten sich Renderfunktionen als Alternative an. Mit ihnen arbeitet man näher am Vue-Compiler und hat dank purem JavaScript mehr Möglichkeiten. Angenommen, es sollen Headings mit Anchor-Elementen erzeugt werden. Das Template dazu sähe vermutlich wie folgt aus:

```
<h1>
  <a name="hello-world" href="#hello-world"> Hello world! </a>
</h1>
```

Da mit vielen Headings gerechnet wird, ist eine Component sinnvoll, die den HTML-Code kapselt, um das Layout übersichtlicher zu halten:

```
<a-heading :level="1">Hello world!</a-heading>
```

Die Component erstellt ein Heading basierend auf der Prop level. Ein Entwurf für das Template der Component könnte so aussehen:

```
<h1 v-if="level === 1">
  <slot></slot>
</h1>
<h2 v-else-if="level === 2">
  <slot></slot>
</h2>
<h3 v-else-if="level === 3">
  <slot></slot>
</h3>
<h4 v-else-if="level === 4">
  <slot></slot>
</h4>
```

```
<h5 v-else-if="level === 5">
 <slot></slot>
</h5>
<h6 v-else-if="level === 6">
 <slot></slot>
</h6>
```

Dieses Template ist recht umfangreich und verwendet Slots für jedes Header-Level. Dabei ist das Anchor-Element hier noch gar nicht berücksichtigt. Diese Component ist damit ein potenzieller Kandidat für die Erzeugung des Templates über eine Renderfunktion. Sie wird über das Optionsattribut render definiert und erhält als Parameter die Callback-Funktion createElement, die anschließend genutzt wird, um die einzelnen HTML-Elemente zu erzeugen:

```
Vue.component('anchored-heading', {
 render: function (createElement) {
  return createElement(
   'h' + this.level,
   this.$slots.default
  )
 },
 props: {
  level: {
   type: Number,
   required: true
  }
 }
})
```

Dieser Code ist wesentlich übersichtlicher. Allerdings erfordert er auch größere Kenntnisse über die Instanzeigenschaften von Vue. Es ist etwa essenziell, zu wissen, was mit dem Inhalt einer Component passiert, obwohl kein Slot enthalten ist. Hier würde der Text »Hello World!«, der als Inhalt an die Component a-heading übergeben wurde, als Array unter this.$slots.default gespeichert werden.

Es empfiehlt sich, zunächst alle Instanzeigenschaften kennenzulernen, bevor man sich mit Renderfunktionen beschäftigt. Eine Übersicht aller Instanzeigenschaften findet sich im dritten Teil dieses Buchs.

Über Nodes und VNodes

Wenn ein Browser HTML-Code verarbeitet, wird eine Baumstruktur aus DOM-Elementen erzeugt, die sogenannten DOM-Nodes. Da jedes Element, jedes Unterelement und sogar jeder Kommentar im HTML-Code als Node existiert, kommt eine Menge zusammen. All diese Nodes zu aktualisieren, ist zeitaufwendig, aber glücklicherweise kümmert sich Vue automatisch darum, egal ob Templates oder Renderfunktionen verwendet werden. Dies wird möglich, weil Vue einen eigenen, virtuellen DOM erzeugt. So kann Vue leicht den Überblick darüber behalten, wann welche Änderungen im richtigen DOM vorgenommen werden.

Im obigen Beispiel wird die Callback-Methode `createElement` als Parameter der Renderfunktion übergeben und genutzt, um Nodes zu erzeugen. Es ist wichtig, zu verstehen, dass der Rückgabewert von `createElement` keinem tatsächlichen Node entspricht. Es wird ein beschreibendes Objekt zurückgegeben, das Informationen über den darzustellenden Node und alle seine untergeordneten Nodes enthält. Dieses Objekt wird als VNode betrachtet, als virtueller Node. Gleichsam ist der virtuelle DOM also eine Baumstruktur aus ineinander verschachtelten VNodes.

KAPITEL 15

Projekte mit Vue CLI

Bei kleineren Anwendungsfällen reicht es, Vue über eine Referenz im HTML-Header zu integrieren und anschließend eine Vue-Instanz in einem Script-Tag zu instanziieren. Das volle Potenzial von Vue lässt sich aber nur mit einer projektorientierten Entwicklung erreichen.

Umfassende Webprojekte beinhalten fast immer einen Build-Prozess. In ihm kommen etwa CSS-Präprozessoren oder JavaScript-Compiler wie Babel zum Einsatz. Natürlich gibt es verschiedene Möglichkeiten, um Vue nachträglich in einen solchen Build-Prozess zu integrieren. Ist jedoch von Beginn an klar, dass Vue als Kern eines neuen Projekts genutzt werden soll, kann das Vue CLI (*Vue Command Line Interface*) genutzt werden. Es ist das Standard-Toolset für die Entwicklung von Projekten auf Basis von Vue.

Das Vue CLI bietet eine Reihe von vorkonfigurierten Bausteinen, mit deren Hilfe man sich auf die eigentliche Entwicklung mit Vue konzentrieren kann und sich nicht ewig an der Konfiguration des Build-Prozesses aufhängt. Die Vue CLI gliedert sich in drei wesentliche Bestandteile auf, bei denen es sich jeweils um ein Paket für den JavaScript-Paketmanager npm handelt:

1. **CLI**: Dieses global installierte Paket ist der Kern des Vue CLI. Von ihm wird der Terminalbefehl vue bereitgestellt.

2. **CLI Service**: Beim Erstellen eines neuen Projekts wird der CLI Service als sogenannte Dev-Dependency für das jeweilige Projekt installiert. Der CLI Service basiert auf Webpack und stellt dazu eine optimierte Konfiguration bereit. Ferner verwaltet er alle weiteren genutzten Plug-ins.

3. **CLI Plugins**: Hierbei handelt es sich um zusätzlich installierte Pakete, die das Vue CLI erweitern, etwa eine Unterstützung für ESLint oder Babel. Sie können direkt zu Beginn eines neuen Projekts oder später hinzugefügt werden. Der CLI Service kümmert sich um die Verwaltung dieser Abhängigkeiten.

Das Vue CLI benötigt *Node.js* in der Version 8 oder höher. Empfohlen wird eine Version ab 8.1. Im Anschluss kann das Vue CLI via npm installiert werden:

```
npm install -g @vue/cli
```

Falls statt npm der Paketmanager yarn benutzt wird, lautet der Befehl:

```
yarn global add @vue/cli
```

Nach der Installation ist in der Kommandozeile des Betriebssystems der Befehl vue verfügbar. Wird dieser ohne zusätzliche Parameter ausgeführt, erhält man einen Überblick über alle verfügbaren Befehle.

Projekt-Setup

Ein neues Projekt wird mit dem folgenden Befehl erstellt:

```
vue create hello-world
```

Im Anschluss beginnt das Vue CLI mit der Erstellung des Projekts im aktuellen Verzeichnis. Dazu wird nun die gewünschte Konfiguration abgefragt. Für den Anfang genügt die Standardkonfiguration. Die Konfiguration default kann also einfach bestätigt werden. Damit ist die Projekteinrichtung abgeschlossen. Wird für die Erstellung und Verwaltung der Projekte eine grafische Oberfläche gewünscht, kann diese mit dem folgenden Befehl gestartet werden:

```
vue ui
```

Bei Projekten, die über das Vue CLI erstellt wurden, wird der Dev-Build von Vue verwendet. Er liefert der Konsole des Browsers umfassendere Fehlerberichte. In der fertigen Anwendung ist das jedoch meist nicht erwünscht, und es soll ein Produktiv-Build der

Anwendung für maximale Performance erzeugt werden. Hierzu muss die Konfiguration der Datei *babel.config.js* angepasst werden:

```
module.exports = {
  mode: 'production'
}
```

Nach der Projekterstellung finden sich im Ordner einige Dateien, die für den Build-Prozess relevant sind. In der Datei *package.json* sind etwa Abhängigkeiten zu diversen JavaScript-Bibliotheken hinterlegt. Sie werden im Ordner *node_modules* gespeichert.

Im Ordner *public* sind ein Favicon und das HTML-Template unter *index.html* hinterlegt. Dieser Datei werden später im Rahmen des Build-Prozesses die Referenzen zu den JavaScript- oder CSS-Dateien hinzugefügt. Hier befindet sich außerdem der bereits bekannte Code `<div id="app"></div>`. An dieses HTML-Element wird später die Root-Instanz von Vue geknüpft.

Alle weiteren Daten sind im Ordner *src* hinterlegt. Die Datei *main.js* ist der Einstiegspunkt in die Vue-Anwendung. Nach dem Build-Prozess wird die fertig kompilierte Datei *main.js* in der Datei *index.html* referenziert und beim Laden der Seite ausgeführt. Innerhalb von *main.js* wird erst Vue und dann die Single File Component *App.vue* importiert. Anschließend wird die Root-Instanz erzeugt, die die Component *App* über eine Renderfunktion an das Div-Element mit der ID *app* knüpft.

Konfiguration

Das Vue CLI legt eine Datei *.vuerc* im Root-Verzeichnis eines jeden Projekts ab. Diese Datei kann direkt mit einem Texteditor angepasst werden, um etwa den bevorzugten Paketmanager anzupassen. Über die Konsole kann diese globale Konfiguration mit dem folgenden Befehl angepasst werden:

```
vue config
```

Zusätzlich kann im Root-Verzeichnis für ein Projekt eine Datei mit dem Namen *vue.config.js* erstellt werden. Dabei handelt es sich um eine optionale Konfigurationsdatei, die automatisch vom CLI Service verarbeitet wird, sofern sie vorhanden ist. Die Datei *vue.config.js* muss dazu ein Objekt mit den entsprechenden Optionen exportieren:

```
module.exports = {
  ...
}
```

In der Datei *vue.config.js* können verschiedenste Einstellungen hinterlegt werden, etwa Standarddateipfade oder Einstellungen für die Verarbeitung von Styles. Die offizielle Dokumentation des Vue CLI hält unter der Adresse *https://cli.vuejs.org/config* eine Auflistung aller möglichen Optionen zur Konfiguration bereit.

Schnelles Prototyping

Oft möchte man nicht direkt ein komplett neues Projekt erstellen, sondern einfach nur eine Idee testen. Hierzu ist es häufig ausreichend, in einer einzelnen Vue-Component zu arbeiten. Zunächst muss jedoch ein weiteres globales Paket installiert werden:

```
npm install -g @vue/cli-service-global
```

Im Anschluss wird eine *Single File Component* benötigt. Dabei handelt es sich um eine textbasierte Datei mit der Endung *.vue*. Single File Components werden im nachfolgenden Kapitel ausführlich vorgestellt. Jetzt muss der folgende Befehl im Ordner der Datei ausgeführt werden:

```
vue serve MyComponent.vue
```

Lautet der Name der Datei *App.vue*, kann einfach vue serve ausgeführt werden. Der Einstiegspunkt wird dann automatisch ermittelt. Falls nötig, können auch die Dateien *index.html* und *package.json* im Ordner der Vue-Datei abgelegt werden, etwa wenn Abhängigkeiten auf andere Bibliotheken benötigt werden.

KAPITEL 16

Single File Components

Components werden global über die Funktion Vue.component oder lokal innerhalb anderer Components registriert. Für kleinere Projekte kann das ausreichend sein. In komplexeren Projekten wird oft aber das komplette Frontend aus vielen Components zusammengebaut. Dabei fallen dann einige negative Aspekte auf:

- Jede Component muss trotzdem einzigartig benannt werden.

- Da die Templates als String innerhalb des Optionenobjekts einer Component definiert werden, ist kein Syntax-Highlighting verfügbar, und es müssen unansehnliche Sonderzeichen genutzt werden, um mehrzeiliges HTML schreiben zu können.

- HTML und JavaScript können mit Components zwar modularisiert werden, jedoch nicht das CSS.

- Da es keinen Build-Prozess gibt, müssen alle Templates den HTML-Standard einhalten, und die Logik der Components muss sich auf die ES2015-Syntax beschränken.

All diese Probleme werden von Single File Components gelöst. Es sind Dateien mit der Endung *.vue*, die innerhalb eines Build-Prozesses von einem JavaScript-Modul-Bundler wie Webpack verarbeitet werden. Im letzten Kapitel wurde das Vue CLI vorgestellt, das dem Anwender die Konfiguration eines Build-Prozesses mit Webpack abnimmt. Dazu installiert es den sogenannten CLI Service.

Inspiziert man die Datei *package.json* des CLI Service, findet man dort ein Paket mit dem Namen *vue-loader* als Abhängigkeit vor. Dieses Paket sorgt im Rahmen des Build-Prozesses dafür, dass die Syntax der *.vue*-Dateien in ein Format gebracht wird, das von Webpack verarbeitet werden kann.

Aufbau von Vue-Dateien

Bei mit der Vue CLI erstellten Projekten wird quasi zur Demonstration immer eine Single File Component mit dem Namen *Hello-World.vue* erstellt. Die Component blendet eine Willkommensnachricht ein, gefolgt von einer Auflistung nützlicher Links. Sie ist somit ein gutes Beispiel, um sich den Aufbau von Single File Components anzusehen:

```
<template>
 <div class="hello">
  <h1>{{ msg }}</h1>
  ...
 </div>
</template>

<script>
 export default {
  name: 'HelloWorld',
  props: {
   msg: String
  }
 }
</script>

<style scoped>
 h3 {
  margin: 40px 0 0;
 }
 ...
</style>
```

Eine Single File Component gliedert sich in drei Teile. Der erste Teil wird innerhalb eines Elements <template> definiert und beinhaltet den HTML-Code der Component. Bisher musste diese Definition stets als String über das Attribut template des Optionenobjekts der Component erfolgen. Dies wird gerade bei größeren Templates schnell unleserlich. Außerdem muss auf Syntax-Highlighting verzichtet werden.

In Single File Components sind diese beiden Nachteile nicht existent. Das HTML innerhalb des Elements <template> kann mit beliebigen Line-Breaks und Einrückungen übersichtlich gehalten werden. Wird eine Entwicklungsumgebung mit Unterstützung für Dateien mit der Endung *.vue* verwendet, ist auch Syntax-Highlighting verfügbar. Inzwischen verfügen alle bekannten Entwicklungsumgebungen über entsprechende Erweiterungen. Manche gehen dabei sogar noch einen Schritt weiter und reichen die Warn- und Fehlermeldungen des intern verwendeten *Vue Template Compiler* weiter, sodass man schon beim Erstellen der Component informiert wird, falls man etwa das Attribut key bei der Verwendung von v-for vergessen hat.

Der zweite Block einer Single File Component wird durch das Element <script> eingeleitet und definiert das Optionenobjekt. Da Webpack in seinem Build-Prozess mit einzelnen Modulen arbeitet, werden dem Optionenobjekt die Schlüsselwörter export default vorangestellt, um so den Teil der Single File Component zu definieren, der bei einem Import in ein modulares Build-System wie Webpack zu exportieren ist.

Daraus resultiert, dass Components erst aus ihrer Datei importiert werden müssen, bevor man sie registrieren kann. Werden innerhalb einer Component mit dem Namen ComponentB etwa ComponentA und ComponentC verwendet, müssen diese Components dazu wie folgt lokal registriert werden:

```
import ComponentA from './ComponentA'
import ComponentC from './ComponentC'

export default {
 components: {
  ComponentA,
  ComponentC
 },
 ...
}
```

Durch die Nutzung von Single File Components ist man hier nicht auf die ältere ES5-Syntax beschränkt, sondern kann die neuesten Sprachfeatures verwenden, die später durch den Build-Prozess in ein für den Browser verständliches Format konvertiert werden.

Der letzte Block der Single File Component wird mit einem Element <style> eröffnet und definiert das von der Component benutzte CSS. Über das Attribut scoped kann der Wirkungsbereich des hier definierten CSS auf die aktuelle Component beschränkt werden. So kann jede Component ihr eigenes Styling mitbringen, ohne dabei ungewollt das Layout anderer Components zu beeinflussen, sollten diese identische Namen für ihre CSS-Klassen verwenden. Falls eine Component sowohl eigene als auch globale Styles definieren soll, können auch zwei Blöcke mit <style> erstellt werden. Dabei definiert der Block mit dem Attribut scoped das lokale CSS und der Block ohne scoped das globale CSS.

Da ein Build-Prozess verwendet wird, können an dieser Stelle auch Präprozessoren wie etwa *SCSS* genutzt werden. Definiert eine Component keine Styles, kann der Block <style> weggelassen werden. In manchen Fällen gilt das übrigens auch für <template>, sofern eine Component per definitionem kein eigenes Template mitbringt.

Hot Reloading

Durch die Modularisierung mit Single File Components besteht die Möglichkeit, eine weitere nützliche Funktion anzuwenden, die unter dem Namen *Hot Reloading* bekannt ist. Beim Hot Reloading werden einzelne Bestandteile einer Anwendung automatisch ausgetauscht, sofern sie sich ändern.

Für Single File Components bedeutet dies: Ändert sich die Datei einer Single File Component, wird der entsprechende Teil der Anwendung neu kompiliert und eingefügt. Dabei muss die Seite nicht neu geladen werden, und die Daten der Component bleiben erhalten. Dies ist eine große Erleichterung bei der Entwicklung von Components.

In Projekten mit dem Vue CLI ist Hot Reloading automatisch aktiviert. Wird zumindest Webpack verwendet, kann die Funktion aktiviert werden, indem der Webpack-Entwicklungsserver mit dem Parameter --hot initialisiert wird.

Hot Reloading ist in den folgenden Fällen nicht verfügbar:

- Das JavaScript wird im Build-Prozess minifiziert.
- Das target von Webpack ist auf den Wert node gesetzt.
- Das Build-Ziel unter process.env.NODE_ENV ist auf den Wert production gesetzt.

TEIL III

Vue-API

Wenn Sie die ersten beiden Teile dieses Buchs verinnerlicht haben, kennen Sie bereits einen Großteil aller Funktionen von Vue und sind damit in der Lage, an komplexeren Vue-Projekten mitzuwirken.

Dieser Teil des Buchs soll Ihnen dabei als Nachschlagewerk dienen. Er beschreibt alle Eigenschaften und Funktionen der Vue-Klasse sowie der Vue-Instanzen und geht auf alle Direktiven und Components ein, die Vue selbst bereitstellt.

Sie müssen nicht alles wissen. Aber zu wissen, wo es geschrieben steht, ist ein immenser Vorteil! Es ist in Ordnung, die folgenden Seiten zunächst nur zu überfliegen. Aber wenn Sie künftig vor einem Problem stehen und Ihnen die Lösung nicht sofort einfällt, werfen Sie doch mal einen Blick in diesen Teil des Buchs.

KAPITEL 17

Globale Konfiguration

Unter Vue.config befindet sich das globale Konfigurationsobjekt von Vue. Dabei können folgende Eigenschaften angepasst werden.

silent

Typ: Boolean

Standardwert: false

Mit Vue.config.silent = true können Log- und Warnmeldungen von Vue abgeschaltet werden.

optionMergeStrategies

Typ: { [key: string]: Function }

Standardwert: {}

Definiert eine Strategie zur Kombination eigener Optionsattribute:

```
Vue.config.optionMergeStrategies._my_option =
  function (parentValue, childValue, vm) {
   return childValue + 1
  }
```

Die Callback-Funktion erhält den Wert der Option der übergeordneten und untergeordneten Instanz als ersten und zweiten Parameter sowie die Vue-Instanz für den aktuellen Kontext als dritten Parameter.

devtools

Typ: Boolean

Standardwert: true (false in Produktiv-Builds)

Mit Vue.config.devtools = true kann festgelegt werden, dass eine Inspektion der Anwendung mit den *Vue Devtools* erlaubt ist.

errorHandler

Typ: Function

Standardwert: undefined

Es kann ein Handler für nicht aufgefangene Fehler beim Rendering von Components definiert werden:

```
Vue.config.errorHandler = function (err, vm, info) {
  ...
}
```

Der Parameter info enthält Vue-spezifische Informationen über den Fehler. Ist keine Funktion definiert, wird console.error für das Logging genutzt. Der Handler greift auch bei Lifecycle-Funktionen und benutzerdefinierten Event-Handlern.

warnHandler

Typ: Function

Standardwert: undefined

Für Warnungen zur Laufzeit kann ein eigener Handler definiert werden:

```
Vue.config.warnHandler = function (msg, vm, trace) {
  ...
}
```

Der Parameter trace enthält die Component-Hierarchie. Der Handler wird bei Produktivanwendungen ignoriert.

ignoredElements

Typ: `Array<string | RegExp>`

Standardwert: []

Über dieses Array können benutzerdefinierte Elemente angegeben werden, die Vue ignorieren soll. Andernfalls würde Vue bei diesen Elementen den Fehler `Unknown custom element` erzeugen und vermuten, dass vergessen wurde, eine globale Component zu registrieren, oder dass ein Tippfehler vorliegt. Es lässt sich pro Eintrag im Array ein fester Name oder ein regulärer Ausdruck angeben:

```
Vue.config.ignoredElements = [
 'my-component',
 /^local-/
]
```

keyCodes

Typ: { [key: string]: number | Array<number> }

Standardwert: {}

Über dieses Objekt können Aliase für Key-Codes definiert werden:

```
Vue.config.keyCodes = {
 f4: 115,
 "play-pause": 179,
 up: [38, 87]
}
```

Die Benennung via Camel Case funktioniert hier nicht. Stattdessen ist eine Benennung als Kebab Case mit Anführungszeichen möglich. Über ein Array kann ein Alias für mehrere Key-Codes gleichzeitig definiert werden. Im Anschluss können die Aliase mit `v-on` verwendet werden:

```
<input type="text" @keyup.play-pause="startMedia">
```

performance

Typ: Boolean

Standardwert: false

Wird dieser Wert mit Vue.config.performance = true auf true gesetzt, erlaubt das, die Performance beim Initialisieren, Rendern und Updaten von Components zu verfolgen. Diese Funktionalität ist nur während der Entwicklung verfügbar. Der Browser muss außerdem die performance.mark-API unterstützen.

productionTip

Typ: Boolean

Standardwert: true

Wird der Wert auf false gesetzt, unterbindet das die Hinweismeldung auf den Produktivmodus.

KAPITEL 18

Globale API

Über die Klasse Vue ist die globale API erreichbar, die die folgenden Funktionen bereitstellt.

Vue.extend

Aufruf: Vue.extend(options)

- {Object} options

Erzeugt eine »Unterklasse« des Vue-Konstruktors. Als Parameter sollte ein Optionenobjekt übergeben werden. Dabei muss für das Attribut data eine Funktion angegeben werden:

```
var Profile = Vue.extend({
 template: '<p>{{name}}</p>',
 data: function () {
  return {
   name: 'Luke'
  }
 }
})
```

Nun kann die Instanz erzeugt und an ein Element geknüpft werden:

```
new Profile().$mount('#mount-point')
```

Vue.nextTick

Aufruf: Vue.nextTick([callback,context])

- {Function} [callback]
- {Object} [context]

Registriert eine Callback-Funktion, die von Vue nach der nächsten Aktualisierung des DOM aufgerufen wird:

```
Vue.nextTick(function () {
  ...
})
```

Diese Funktion sollte unmittelbar nach der Änderung von Daten genutzt werden, um auf die Aktualisierung des DOM zu warten.

Vue.set

Aufruf: Vue.set(target, key, value)

{Object | Array} target

- {string | number} key
- {any} value

Rückgabewert: Der gesetzte Wert.

Fügt ein neues Attribut einem reaktiven Objekt hinzu und stellt sicher, dass dieses neue Attribut ebenfalls reaktiv ist und Aktualisierungen des Views verursacht. Das Zielobjekt für Vue.set kann keine Vue-Instanz oder das Datenobjekt einer Root-Instanz sein.

Vue.delete

Aufruf: Vue.delete(target, key)

- {Object | Array} target
- {string | number} key/index

Löscht das Attribut eines Objekts. Falls das Objekt reaktiv ist, wird der View aktualisiert. Mit dieser Funktion wird die Limitierung umgangen, dass Vue keine Objektattribute löschen kann. Sie sollte jedoch nur sehr selten benötigt werden. Das Zielobjekt für Vue.delete kann keine Vue-Instanz oder das Datenobjekt einer Root-Instanz sein.

Vue.directive

Aufruf: Vue.directive(id, [definition])

- {string} id
- {Function | Object} [definition]

Registriert eine neue globale Direktive:

```
Vue.directive('my-directive', {
  bind: function () {},
  inserted: function () {},
  update: function () {},
  componentUpdated: function () {},
  unbind: function () {}
})
```

Werden nur die Callback-Funktionen bind und update benötigt, kann die Kurzschreibweise verwendet werden:

```
Vue.directive('my-directive', function () {
  ...
})
```

Die Definition einer Direktive kann später auch ausgelesen werden:

```
var myDirective = Vue.directive('my-directive')
```

Vue.filter

Aufruf: Vue.filter(id, [definition])

- {string} id
- {Function} [definition]

Registriert einen globalen Filter:

```
Vue.filter('my-filter', function (value) {
  ...
  return value
})
```

Die Definition eines Filters kann später auch ausgelesen werden:

```
var myFilter = Vue.filter('my-filter')
```

Vue.component

Aufruf: Vue.component(id, [definition])

- {string} id
- {Function | Object} [definition]

Registriert eine Component. Eine Variante ist die Registrierung eines erweiterten Konstruktors:

```
Vue.component('my-component', Vue.extend({ ... }))
```

Alternativ kann ein Optionenobjekt übergeben werden. Hierbei wird Vue.extend intern automatisch aufgerufen:

```
Vue.component('my-component', { ... })
```

Eine bereits registrierte Component kann auch geladen werden. Dabei wird ihr Konstruktor zurückgegeben:

```
var MyComponent = Vue.component('my-component')
```

Vue.use

Aufruf: Vue.use(plugin)

- {Object | Function} plugin

Installiert ein Vue-Plug-in. Handelt es sich dabei um ein Objekt, muss es eine Funktion install bereitstellen. Der Funktion wird die Vue-Klasse als Parameter übergeben. Auch bei mehrmaligem Aufruf wird sichergestellt, dass das betreffende Plug-in nur einmalig installiert wird.

Vue.mixin

Aufruf: Vue.mixin(mixin)

- {Object} mixin

Wendet ein Mixin global an. Die Änderungen durch das Mixin sind in jeder nachfolgend erzeugten Vue-Instanz verfügbar. Diese Funktion ist in erster Linie für Autoren von Plug-ins gedacht und sollte bei normalen Vue-Anwendungen nicht genutzt werden.

Vue.compile

Aufruf: Vue.compile(template)

- {string} template

Kompiliert einen String in eine Renderfunktion:

```
var template = Vue.compile('<div>{{ text }}</div>')

var vm = new Vue({
 data: {
  text: 'Welcome'
 },
 render: template.render,
 staticRenderFns: template.staticRenderFns
})
```

Diese Funktion ist nur im vollständigen Build von Vue verfügbar.

Vue.version

Aufruf: Vue.version

Liefert die aktuelle Version von Vue als String zurück. Das ist nützlich für die Entwicklung von Plug-ins und Components, die sich je nach Vue-Version unterschiedlich verhalten sollen, um die Kompatibilität zu gewährleisten:

```
var version = Number(Vue.version.split('.')[0])

if(version === 2) {
console.log('Using the latest version of Vue!')
}
```

KAPITEL 19

Optionsattribute

In diesem Kapitel werden alle Attribute für das Optionenobjekt für Vue-Instanzen und -Components aufgeführt.

Daten

Die folgenden Attribute drehen sich um die verfügbaren Daten einer Instanz oder Component von Vue.

data

Typ: Object | Function

Restriktionen: Akzeptiert für Component-Definitionen nur Function.

Das Datenobjekt für die Vue-Instanz. Vue konvertiert seine Attribute rekursiv in Getter- und Setter-Funktionen, um das Objekt reaktiv zu machen. Bei dem Datenobjekt muss es sich um ein einfaches JavaScript-Objekt handeln. Native Objekte wie API-Objekte eines Browsers oder Prototypattribute werden ignoriert. Es gilt die Regel: Das Objekt data sollte auch nur Daten enthalten.

```
var vm = new Vue({
  data: { age: 13 }
})
```

Sobald Vue beim Bilden der Instanz das Objekt data verarbeitet hat und fortan überwacht, können keine Änderungen mehr an dem Objekt vorgenommen werden, um weitere reaktive Attribute anzufügen. Alle notwendigen Attribute sollten also schon eingangs mit Standardwerten eingeführt werden.

Nach dem Erzeugen der Instanz kann das originale Datenobjekt unter `vm.$data` abgerufen werden. Die Vue-Instanz wird für alle Attribute des Datenobjekts Kürzel bereitstellen, sodass `vm.age` äquivalent zu `vm.$data.age` ist.

Datenattribute, die mit _ oder $ beginnen, erhalten kein Kürzel, um Namenskonflikte mit den internen Attributen und API-Methoden von Vue zu vermeiden. Diese Attribute können ausschließlich über `vm.$data` abgerufen werden.

Wird eine Component definiert, muss data als Funktion definiert werden, die das eigentliche Objekt für data als Rückgabewert liefert. Dies ist notwendig, da bei Components oft viele Instanzen über die gleiche Definition angelegt werden. Würde man hier ein normales JavaScript-Objekt angeben, würde dieses Objekt via Referenz mit allen erzeugten Instanzen der Component geteilt werden. Durch die Angabe einer Funktion für data wird bei jedem Anlegen einer neuen Instanz eine frische Kopie dieses definierten Objekts für data erzeugt:

```
var Component = Vue.extend({
 data: function () {
  return { age: 13 }
 }
})
```

Eine genaue Objektkopie eines Datenobjekts kann über den Code `JSON.parse(JSON.stringify(vm.$data))` erzeugt werden.

Benutzt man Arrow Functions zur Definition des Datenobjekts, wird this nicht auf die aktuelle Instanz verweisen. Auf sie kann jedoch über den ersten Funktionsparameter zugegriffen werden:

```
data: vm => ({ age: vm.myProp })
```

props

Typ: `Array<string> | Object`

Eine Liste/ein Hash von Attributen, die zur Übernahme von Daten der übergeordneten Component verfügbar gemacht werden. Für props gibt es eine simple Array-Schreibweise:

```
Vue.component('props-demo-simple', {
 props: ['age', 'text']
})
```

Alternativ kann eine Objektschreibweise genutzt werden, über die eine erweiterte Konfiguration mit Typsicherheit, benutzerdefinierter Validierung und Standardwerten möglich ist:

```
Vue.component('props-demo-advanced', {
 props: {
  text: String,
  age: {
   type: Number,
   default: 0,
   required: true,
   validator: function (value) {
    return value >= 0
   }
  }
 }
})
```

propsData

Typ: { [key: string]: any }

Restriktionen: Nur beim Erzeugen von Instanzen via new nutzbar.

Übergibt Props an eine Instanz bei ihrer Erzeugung. Dies ist in erster Linie für einfacheres Unit-Testing gedacht.

```
var MyComponent = Vue.extend({
 props: ['text'],
 template: '<div>{{ text }}</div>'
})

var vm = new MyComponent({
 propsData: {
  text: 'Hi there!'
 }
})
```

computed

Typ: { [key: string]: Function | { get: Function, set: Function } }

Computed Properties, die an die Vue-Instanz angefügt werden. Der Kontext von this wird automatisch auf die Vue-Instanz festgesetzt.

Benutzt man Arrow Functions zur Definition einer Computed Property, wird this nicht auf die aktuelle Instanz verweisen. Auf sie kann jedoch über den ersten Funktionsparameter zugegriffen werden:

```
computed: {
  isAdult: vm => (vm.age >= 18)
}
```

Computed Properties werden zwischengespeichert und nur bei reaktiven Änderungen innerhalb ihrer Abhängigkeiten neu berechnet.

```
var vm = new Vue({
 data: { age: 13 },
 computed: {
  isAdult: function () {
   return this.age >= 18
  },
  agePlus: {
   get: function () {
    return this.age + 1
   },
   set: function (value) {
    this.age = value - 1
   }
  }
 }
})
```

methods

Typ: { [key: string]: Function }

Funktionen, die an die Vue-Instanz angefügt werden. Diese Funktionen können direkt über die Instanz oder in Templates über einen gerichteten Ausdruck aufgerufen werden. Der Kontext von this wird automatisch auf die Vue-Instanz festgesetzt.

```
var vm = new Vue({
 data: { age: 13 },
 methods: {
  birthday: function () {
   this.age++
```

```
      }
     }
  })
```

Es sollten keine Arrow Functions verwendet werden, um die Funktionen zu definieren. Da Arrow Functions immer auf den Kontext des übergeordneten Elements festgesetzt werden, entspricht this nicht der Vue-Instanz, und this.a würde einen undefinierten Wert zurückliefern.

watch

Typ: { [key: string]: string | Function | Object | Array}

Ein Objekt, bei dem die Namen der Attribute die zu überwachenden Ausdrücke und die Attributwerte die entsprechende Callback-Funktion beinhalten. Der Attributwert kann auch ein String mit einem Funktionsnamen oder ein Objekt mit zusätzlichen Optionen sein. Die Vue-Instanz ruft $watch() bei der Instanziierung für jedes Attribut seines Datenobjekts auf.

```
var vm = new Vue({
 data: {
  text: 'hello',
  user: { id: 1, name: 'Evan' },
  request: { name: 'Evan' },
  age: 13,
  tags: {
   tag: {
    id: 5
   }
  }
 },
 watch: {
  text: function (value, oldValue) {
   console.log('new: ', value)
   console.log('old: ', oldValue)
  },
  user: 'validateUserMethod',
  request: {
   handler: function (value, oldValue) { ... },
   deep: true
  },
```

```
  age: {
   handler: function (value, oldValue) { ... },
   immediate: true
  },
  tags: [
   function handle1 (value, oldValue) { ... },
   function handle2 (value, oldValue) { ... }
  ],
  'tags.tag': function (value, oldValue) { ... }
 }
})
```

Es sollten keine Arrow Functions verwendet werden, um Watcher zu definieren. Da Arrow Functions immer auf den Kontext des übergeordneten Elements festgesetzt werden, entspricht this nicht der Vue-Instanz, und this.path würde einen undefinierten Wert zurückliefern.

DOM

Die nachfolgenden Attribute drehen sich um die Verbindung der Instanz oder Component von Vue mit dem DOM der Anwendung.

el

Typ: string | HTMLElement

Restriktionen: Nur beim Erzeugen von Instanzen via new nutzbar.

Stellt ein existierendes DOM-Element bereit, an das die Vue-Instanz geknüpft werden soll. Dabei kann es sich um einen CSS-Selektor, einen String oder ein tatsächliches HTML-Element handeln.

Nachdem die erzeugte Instanz mit dem Element verknüpft wurde, kann via vm.$el auf das Element zugegriffen werden.

Ist el bei der Instanziierung vorhanden, wird die Instanz direkt kompiliert. Ansonsten muss explizit vm.$mount() aufgerufen werden, um die Kompilation manuell anzustoßen.

Das bereitgestellte Element dient nur als Referenzpunkt und wird in jedem Fall durch ein von Vue generiertes DOM ersetzt. Aus diesem

Grund ist es nicht ratsam, eine Root-Instanz von Vue mit den Elementen <html> oder <body> zu verknüpfen.

template

Typ: String

Ein String-Template, das als Markup für die Vue-Instanz verwendet wird. Das Template wird das verknüpfte Element ersetzen. Jedes Markup innerhalb des verknüpften Elements wird verworfen, sofern das Template keine Slots definiert.

Falls der String mit # startet, wird das Template als CSS-Selektor interpretiert und das innere HTML des selektierten Elements als Template-String verwenden. Dadurch ist es möglich, Templates über <script type="x-template"> einzubinden.

Aus Sicherheitsgründen sollten für Templates niemals von Benutzern erzeugte Inhalte als Grundlage verwendet werden.

Sofern eine Funktion render vorhanden ist, wird template ignoriert.

render

Typ: (createElement: () => VNode) => VNode

Eine Alternative zu Templates, mit der alle programmatischen Möglichkeiten von JavaScript ausgeschöpft werden können. Die Funktion render erhält eine Funktion createElement als ersten Parameter, um so die VNodes zu erstellen.

Ist eine Component als funktionale Component definiert, erhält die Funktion render außerdem den Funktionsparameter context, über den ein Zugriff auf kontextbezogene Daten ermöglicht wird, da funktionale Components instanzlos sind.

Die Funktion render wird höher priorisiert als die intern von template erzeugten Renderfunktionen oder das innere HTML des selektierten Elements via el.

renderError

Typ: `(createElement: () => VNode, error: Error) => VNode`

Restriktionen: Funktioniert nur im Entwicklermodus.

Stellt eine alternative Ausgabe bereit, falls die Funktion `render` auf einen Fehler stößt. Dem Fehler wird `renderError` als zweiter Parameter übergeben. Diese Funktion ist besonders im Verbund mit Hot Reloading nützlich.

```
new Vue({
 render (h) {
  throw new Error('oops')
 },
 renderError (h, err) {
  var options = { style: { color: 'red' }}
  return h('pre', options, err.stack)
 }
}).$mount('#app')
```

Lifecycle-Hooks

Der Kontext für `this` wird für alle Lifecycle-Hooks automatisch mit der Vue-Instanz verknüpft, damit ein Zugriff auf alle Daten, Computed Properties und Funktionen besteht. Es sollten daher keine Arrow Functions verwendet werden, um Lifecycle-Hooks zu definieren. Da Arrow Functions immer auf den Kontext des übergeordneten Elements festgesetzt werden, entspricht `this` nicht der Vue-Instanz und würde einen undefinierten Wert zurückliefern.

beforeCreate

Typ: `Function`

Wird synchron direkt nach der Initialisierung der Instanz, aber vor dem Beginn der Überwachung von `data` und dem Setup für Events und Watchers aufgerufen.

created

Typ: Function

Wird synchron direkt nach der Erstellung der Instanz aufgerufen. Zu diesem Zeitpunkt hat die Vue-Instanz bereits alle Optionen verarbeitet, weshalb die folgenden Bestandteile fertig eingerichtet sind:

- Datenüberwachung
- Computed Properties
- Funktionen
- Callbacks für Events und Watcher.

Die Verknüpfung mit dem Element ist aber noch nicht abgeschlossen, sodass das Attribut $el noch nicht verfügbar ist.

beforeMount

Typ: Function

Wird direkt vor Beginn der Verknüpfung mit dem Element aufgerufen, kurz bevor die Funktion render das erste Mal ausgeführt wird.

Wird serverseitiges Rendering verwendet, wird diese Hook nicht aufgerufen.

mounted

Typ: Function

Wird aufgerufen, nachdem die Instanz verknüpft wurde, also bei dem Austausch von el durch das von Vue erstellte vm.$el. Dabei ist nicht garantiert, dass untergeordnete Components ebenfalls schon verknüpft wurden. Soll sichergestellt werden, dass der komplette View bereits erzeugt wurde, sollte die Funktion vm.$nextTick innerhalb von mounted verwendet werden:

```
mounted: function () {
  this.$nextTick(function () {
    ...
  })
}
```

Wird serverseitiges Rendering verwendet, wird diese Hook nicht aufgerufen.

beforeUpdate

Typ: Function

Wird aufgerufen, sobald sich die Daten einer Instanz ändern, jedoch bevor der DOM aktualisiert wurde. Diese Funktion eignet sich, um Anpassungen am DOM vorzunehmen, etwa die Entfernung manuell registrierter Event-Listener.

Wird serverseitiges Rendering verwendet, wird diese Hook nicht aufgerufen, da nur das initiale Rendering serverseitig ausgeführt wird.

updated

Typ: Function

Wird aufgerufen, nachdem Änderungen der Daten einer Instanz eine Aktualisierung des DOM angestoßen haben. Da die Aktualisierung des DOM zu diesem Zeitpunkt bereits abgeschlossen ist, können in dieser Funktion DOM-abhängige Operationen ausgeführt werden. Es sollten allerdings keine Änderungen von Daten in der Hook vorgenommen werden. Stattdessen ist die Verwendung von Computed Properties oder Watchern vorzuziehen.

Hierbei ist nicht garantiert, dass alle untergeordneten Components ebenfalls schon neu gerendert wurden. Soll sichergestellt werden, dass der komplette View bereits aktualisiert wurde, sollte vm.$next Tick innerhalb von updated verwendet werden:

```
updated: function () {
 this.$nextTick(function () {
  ...
 })
}
```

activated

Typ: Function

Wird aufgerufen, wenn eine Component mit dem Attribut keep-alive aktiviert wird.

Wird serverseitiges Rendering verwendet, wird diese Hook nicht aufgerufen.

deactivated

Typ: Function

Wird aufgerufen, wenn eine Component mit dem Attribut keep-alive deaktiviert wird.

Wird serverseitiges Rendering verwendet, wird diese Hook nicht aufgerufen.

beforeDestroy

Typ: Function

Wird aufgerufen, bevor eine Vue-Instanz zerstört wird. An diesem Punkt ist die Instanz immer noch voll funktionsfähig.

Wird serverseitiges Rendering verwendet, wird diese Hook nicht aufgerufen.

destroyed

Typ: Function

Wird aufgerufen, nachdem eine Vue-Instanz zerstört wurde. Wenn diese Hook aufgerufen wird, wurden bereits alle Direktiven der Vue-Instanz entkoppelt, Event-Listener entfernt und untergeordnete Vue-Instanzen zerstört.

Wird serverseitiges Rendering verwendet, wird diese Hook nicht aufgerufen.

errorCaptured

Typ: `(err: Error, vm: Component, info: string) => ?boolean`

Wird aufgerufen, sobald ein Fehler einer untergeordneten Component aufgefangen wird. Die Hook erhält drei Parameter: den Fehler, die Instanz der Component, die den Fehler ausgelöst hat, sowie einen String mit zusätzlichen Informationen über den Fehler.

In dieser Hook können die Daten der Component angepasst werden. Allerdings sollte es dabei entsprechende Abfragen beim Rendering des Templates geben, damit die Component nicht in eine Endlosschleife aus permanentem Re-Rendering gerät.

Regeln bei der Behandlung von Fehlern:

- In der Standardkonfiguration werden alle Fehler global an `config.errorHandler` gesendet, sofern ein Callback an dieser Stelle definiert wurde.
- Falls mehrere Hooks `errorCaptured` in der Hierarchie einer Component existieren, werden alle Hooks mit dem gleichen Fehler angesprochen.
- Erzeugt eine Hook `errorCaptured` selbst einen Fehler, werden sowohl dieser Fehler als auch der ursprüngliche Fehler global an `config.errorHandler` weitergereicht.
- Eine Hook `errorCaptured` kann `false` als Rückgabewert liefern, um die Weitergabe des Fehlers zu unterbinden. So wird Vue mitgeteilt, dass der Fehler behandelt wurde und ab sofort von allen folgenden Hooks `errorCaptured` und dem globalen Handler `config.errorHandler` ignoriert werden kann.

Assets

Die nachfolgenden Attribute beschäftigen sich mit zusätzlichen Inhalten wie etwa Direktiven oder Filtern, auf die eine Instanz oder Component von Vue Zugriff haben kann.

directives

Typ: Object

Ein Objekt mit Direktiven, die der Vue-Instanz verfügbar gemacht werden sollen.

filters

Typ: Object

Ein Objekt mit Filtern, die der Vue-Instanz verfügbar gemacht werden sollen.

components

Typ: Object

Ein Objekt mit Components, die der Vue-Instanz verfügbar gemacht werden sollen.

Composition

Die nachfolgenden Attribute beschäftigen sich mit der Komposition von Instanzen und Components von Vue und regeln beispielsweise die Anwendung von Mixins.

parent

Typ: Vue Instance

Kann genutzt werden, um die übergeordnete Instanz für eine zu erstellende Instanz zu definieren. Dadurch wird eine Beziehung zwischen diesen beiden Instanzen erzeugt. Die übergeordnete Instanz ist über this.$parent für die untergeordnete Instanz erreichbar, während die untergeordnete Instanz in das Array $children der übergeordneten Instanz eingefügt wird. Sowohl $parent als auch $children sollten nur sparsam verwendet werden. Im Regelfall sollten Props und Events für die Kommunikation zwischen über- und untergeordneten Components genutzt werden.

mixins

Typ: `Array<Object>`

Diese Option kann verwendet werden, um ein Array an Mixin-Objekten zu übergeben. Diese Objekte können Instanzoptionen beinhalten, die mit bestehenden Optionen der Instanz kombiniert werden.

Hooks für Mixins werden in der Reihenfolge abgearbeitet, in der sie bereitgestellt werden, und werden immer vor den eigenen Hooks der Component aufgerufen:

```
var mixin = {
 created: function () { console.log('First') }
}
var vm = new Vue({
 created: function () { console.log('Second') },
 mixins: [mixin]
})
```

extends

Typ: `Object | Function`

Erlaubt die deklarative Erweiterung einer anderen Component (bei der es sich um ein einfaches Optionenobjekt oder einen Konstruktor handeln kann) ohne die Verwendung von `Vue.extend`. Dieser Mechanismus ist primär dazu gedacht, die Erweiterung von Single File Components einfacher zu gestalten. Das Verhalten gleicht `mixins`.

```
var CompA = { ... }

var CompB = {
 extends: CompA,
 ...
}
```

Verschiedenes

Die nachfolgenden Attribute für Instanzen und Components von Vue lassen sich keiner namentlichen Kategorie zuordnen und werden meist für unterschiedliche Spezialfälle verwendet.

name

Typ: `String`

Restriktionen: Nur bei Optionenobjekten für Components.

Erlaubt einer Component, sich rekursiv innerhalb ihres Templates zu aktivieren. Wird eine Component mit `Vue.component()` global registriert, wird ihre globale ID automatisch als Name gesetzt. Wird `name` spezifiziert, können zudem aussagekräftigere Warnmeldungen beim Debugging erzeugt werden.

delimiters

Typ: `Array<string>`

Standardwert: `["{{", "}}"]`

Restriktionen: Diese Option ist nur im vollständigen Build verfügbar.

Passt den Delimiter für normale Textinterpolation in Templates an.

functional

Typ: `Boolean`

Definiert eine Component als zustandslose, funktionale Component ohne Kontext für `data` und `this`. Funktionale Components enthalten nur eine Funktion `render`, die eine Menge an VNodes zurückgibt.

model

Typ: `{ prop?: string, event?: string }`

Erlaubt die Anpassung für die Prop und das Event, das bei der Nutzung von `v-model` verwendet wird. Standardmäßig nutzt `v-model` bei einer Component die Prop `value` und das Event `input`. Falls die Prop `value` für etwas anderes verwendet werden soll, kann eine Anpassung sinnvoll sein:

```
Vue.component('my-checkbox', {
  model: {
```

```
  prop: 'checked',
  event: 'change'
 },
 props: {
  value: String,
  checked: {
   type: Number,
   default: 0
  }
 },
 ...
})
```

Anschließend kann die Component wie folgt genutzt werden:

```
<my-checkbox
 v-model="foo"
 value="some value">
</my-checkbox>
```

Dieser Code ist dabei äquivalent zu:

```
<my-checkbox
 :checked="foo"
 @change="val => { foo = val }"
 value="some value">
</my-checkbox>
```

inheritAttrs

Typ: Boolean

Standardwert: true

Standardmäßig werden Attribute des übergeordneten Scopes, die nicht zu einer Prop der Component passen, verworfen und als normale HTML-Attribute an das Root-Element der Component geknüpft. Bei der Erstellung von Components, die ein Element oder eine andere Component umschließen sollen, ist das jedoch nicht immer erwünscht.

Durch inheritAttrs mit dem Wert false kann dieses Verhalten deaktiviert werden. In diesem Fall werden alle Attribute über die Instanzeigenschaft $attrs verfügbar gemacht und lassen sich mit v-bind explizit an das gewünschte Element knüpfen.

Diese Option beeinflusst nicht die Verarbeitung von class und style.

comments

Typ: Boolean

Standardwert: false

Restriktionen: Diese Option ist nur im vollständigen Build verfügbar.

Ist comments auf true gesetzt, werden die HTML-Kommentare in Templates erhalten und gerendert. Andernfalls werden sie verworfen.

KAPITEL 20

Instanzeigenschaften

In diesem Kapitel werden alle Eigenschaften aufgeführt, auf die über die Objekte von Vue (Vue-Instanzen oder instanziierte Components) zugegriffen werden kann.

vm.$data

Typ: Object

Das Datenobjekt, das von der Vue-Instanz observiert wird. Die Vue-Instanz ist bei allen Zugriffen auf Attribute des Datenobjekts zwischengeschaltet.

vm.$props

Typ: Object

Ein Objekt, das alle aktuellen Props enthält, die der Component übergeben wurden. Die Vue-Instanz ist bei allen Zugriffen auf Attribute des Props-Objekts zwischengeschaltet.

vm.$el

Typ: HTMLElement

Restriktionen: Nur Lesezugriff.

Das Root-DOM-Element, das von der Vue-Instanz verwaltet wird.

vm.$options

Typ: Object

Restriktionen: Nur Lesezugriff.

Enthält alle Optionen, die für die Instanziierung der Vue-Instanz verwendet wurden. Das ist nützlich, wenn benutzerdefinierte Attribute in den Optionen eingebunden werden sollen:

```
new Vue({
 myOption: 'foo',
 created: function () {
  console.log(this.$options.myOption)
 }
})
```

vm.$parent

Typ: Vue Instance

Restriktionen: Nur Lesezugriff.

Die übergeordnete Instanz der aktuellen Instanz, sofern vorhanden.

vm.$root

Typ: Vue Instance

Restriktionen: Nur Lesezugriff.

Die Root-Instanz von Vue für die aktuelle Component-Struktur. Wenn die aktuelle Instanz keine übergeordneten Instanzen hat, entspricht der Wert ihr selbst.

vm.$children

Typ: Array<Vue Instance>

Restriktionen: Nur Lesezugriff.

Enthält die direkten untergeordneten Components der aktuellen Instanz. Dabei garantiert $children keine Sortierreihenfolge der einzelnen Elemente. Ferner ist $children nicht reaktiv.

Wird $children für Data Binding verwendet, sollten untergeordnete Components besser über ein Array in Kombination mit v-for erzeugt und das Array sollte für die Datenoperationen verwendet werden.

vm.$slots

Typ: { [name: string]: ?Array<VNode> }

Restriktionen: Nur Lesezugriff.

Ermöglicht den programmatischen Zugriff auf den Inhalt einzelner Slots. Für jeden benannten Slot wird ein entsprechendes Attribut angelegt. So ist der Inhalt eines Elements mit slot="foo" unter vm.$slots.foo zu finden. Alle Inhalte, die keinem benannten Slot zugeordnet sind, finden sich unter vm.$slots.default. Die Nutzung von vm.$slots ist oft für Components mit Renderfunktionen wichtig:

```
<blog-post>
 <h1 slot="header">
  Title
 </h1>
 <p>Content for vm.$slots.default.</p>
</blog-post>

Vue.component('blog-post', {
 render: function (createElement) {
  var header = this.$slots.header
  var body = this.$slots.default
  return createElement('div', [
   createElement('header', header),
   createElement('main', body),
  ])
 }
})
```

vm.$scopedSlots

Typ: { [name: string]: props => VNode | Array<VNode> }

Restriktionen: Nur Lesezugriff.

Ermöglicht den programmatischen Zugriff auf den Inhalt von scoped Slots. Für jeden scoped Slot sowie den Slot default enthält das Objekt eine Funktion, die dessen VNodes zurückliefert. Die Nutzung von `vm.$scopedSlots` ist oft für Components mit Renderfunktionen wichtig.

vm.$refs

Typ: `Object`

Restriktionen: Nur Lesezugriff.

Dieses Objekt enthält alle DOM-Elemente und Components, die zuvor mit dem Attribut `ref` registriert wurden.

vm.$isServer

Typ: `Boolean`

Restriktionen: Nur Lesezugriff.

Gibt an, ob die aktuelle Vue-Instanz auf dem Server läuft.

vm.$attrs

Typ: `{ [key: string]: string }`

Restriktionen: Nur Lesezugriff.

Enthält alle Attribute (außer `class` und `style`) des übergeordneten Kontexts, die keiner Prop zugewiesen werden konnten. Sind keinerlei Props definiert, sind faktisch alle Attribute enthalten und können mit `v-bind="$attrs"` an ein Element geknüpft werden. Dies ist für die Erstellung übergeordneter Components nützlich.

vm.$listeners

Typ: `{ [key: string]: Function | Array<Function> }`

Restriktionen: Nur Lesezugriff.

Enthält alle Event-Listener (ohne den Modifizierer `.native`) des übergeordneten Kontexts. Sie können mit `v-on="$listeners"` an ein Element geknüpft werden. Dies ist nützlich, um Wrapper-Components zu erstellen.

KAPITEL 21

Instanzfunktionen

In diesem Kapitel werden alle Funktionen aufgeführt, auf die über die Objekte von Vue (Vue-Instanzen oder instanziierte Components) zugegriffen werden kann.

Data

Die folgenden Funktionen drehen sich um die verfügbaren Funktionen zur Arbeit mit den Daten einer Instanz oder instanziierten Component von Vue.

vm.$watch

Aufruf: vm.$watch(expOrFn, callback, [options])

- {string | Function} expOrFn
- {Function | Object} callback
- {Object} [options]
    - {boolean} deep
    - {boolean} immediate

Rückgabewert: {Function} unwatch

Überwacht die Veränderungen eines Ausdrucks oder einer Computed Property. Die Callback-Funktion wird mit dem alten und neuen Wert aufgerufen. Bei einem Ausdruck werden nur mit Punkten abgetrennte Pfade akzeptiert. Für komplexere Ausdrücke sollte daher ebenfalls eine Funktion genutzt werden.

Bei der Modifikation bestehender Objekte und Arrays entspricht der alte Wert dem neuen Wert, da Vue keine Kopie des Objekts oder Arrays vor der Veränderung vorhält.

```
vm.$watch('a.b.c', function (newVal, oldVal) {
  ...
})

vm.$watch(
 function () {
  return this.a + this.b
 },
 function (newVal, oldVal) {
  ...
 }
)
```

vm.$watch gibt eine Funktion unwatch zurück, die aufgerufen werden kann, um die Ausführung weiterer Callbacks zu stoppen:

```
var unwatch = vm.$watch('a', callback)
...
unwatch()
```

Um verschachtelte Änderungen innerhalb von Objekten zu verfolgen, muss die Option deep = true definiert werden. Bei Anpassungen von Arrays ist das nicht notwendig:

```
vm.$watch('myObject', callback, {
 deep: true
})
vm.myObject.myValue = 123
```

Mit der Option immediate = true wird das angegebene Callback direkt ausgeführt:

```
vm.$watch('a', callback, {
 immediate: true
})
```

vm.$set

Aufruf: vm.$set(target, key, value)

- {Object | Array} target
- {string | number} key
- {any} value

Rückgabewert: Der gesetzte Wert.

Diese Funktion ist ein Alias für die globale Funktion Vue.set.

vm.$delete

Aufruf: vm.$delete(target, key)

- {Object | Array} target
- {string | number} key

Diese Funktion ist ein Alias für die globale Funktion Vue.delete.

Events

Die folgenden Funktionen drehen sich um die verfügbaren Funktionen zur Arbeit mit Events einer Instanz oder instanziierten Component von Vue.

vm.$on

Aufruf: vm.$on(event, callback)

- {Object | Array} target
- {string | number} key

Registriert einen Listener für ein benutzerdefiniertes auf vm ausgelöstes Event. Events können mit vm.$emit ausgelöst werden. Die Callback-Funktion erhält alle Übergabewerte von vm.$emit als zusätzliche Parameter:

```
vm.$on('test', function (message) {
 console.log(message)
})
vm.$emit('test', 'hello')
```

vm.$once

Aufruf: vm.$once(event, callback)

- {string} event
- {Function} callback

Registriert einen Listener für ein benutzerdefiniertes Event, der allerdings nur einmalig aufgerufen und anschließend entfernt wird.

vm.$off

Aufruf: vm.$off([event, callback])

- {string | Array<string>} event
- {Function} [callback]

Entfernt benutzerdefinierte Event-Listener gemäß den übergebenen Parametern:

- Entfernt alle Listener, wenn kein Parameter übergeben wird.
- Wird ein Event als Parameter übergeben, werden alle Listener für dieses Event entfernt.
- Werden Event und Callback als Parameter übergeben, werden nur die Listener für das entsprechende Event-Callback entfernt.

vm.$emit

Aufruf: vm.$emit(eventName, [...args])

- {string} eventName
- [...args]

Löst ein benutzerdefiniertes Event innerhalb der aktuellen Vue-Instanz aus. Alle zusätzlichen Parameter werden später an die registrierten Event-Listener übergeben.

```
Vue.component('hi-button', {
 template: '
  <button v-on:click="$emit('hello')">
   Say hello!
  </button>
 '
})

<div id="app">
 <hi-button v-on:hello="sayHi"></hi-button>
</div>

var vm = new Vue({
 el: '#app',
 methods: {
  sayHi: function () {
```

```
    alert('Hi there!')
   }
  }
})
```

Mit zusätzlichen Parametern wird $emit wie folgt verwendet:

```
this.$emit('notify-users', this.users)
```

Wird eine Funktion als Listener mit v-on registriert, können die zusätzlichen Parameter in der Funktion definiert werden:

```
var vm = new Vue({
 el: '#app',
 methods: {
  notifyUsers: function (users) {
   ...
  }
 }
})
```

Lifecycle

Die folgenden Funktionen drehen sich um die verfügbaren Funktionen mit Bezug zum Lebenszyklus einer Instanz oder instanziierten Component von Vue.

vm.$mount

Aufruf: vm.$mount([elementOrSelector])

- {Element | string} [elementOrSelector]
- {boolean} [hydrating]

Rückgabewert: Die Vue-Instanz vm.

Wird eine Vue-Instanz ohne das Attribut el instanziiert, verbleibt sie in einem »unverknüpften« State, da kein Element aus dem DOM mit der Instanz assoziiert wurde:

```
var MyComponent = Vue.extend({
 template: '<div>Hello!</div>'
})
```

Mit `vm.$mount()` kann die nachträgliche Verknüpfung einer solchen Vue-Instanz mit einem DOM-Element manuell durchgeführt werden:

```
new MyComponent().$mount('#app')
```

Wird der Parameter `elementOrSelector` nicht übergeben, wird das Template als ein Element außerhalb des Document Root angelegt und muss mit der nativen DOM-API manuell in die Seite eingefügt werden:

```
var comp = new MyComponent().$mount()
document.getElementById('app').appendChild(comp.$el)
```

vm.$forceUpdate

Aufruf: `vm.$forceUpdate()`

Forciert ein erneutes Rendering der Vue-Instanz. Dies sorgt nicht für ein erneutes Rendering aller Unterelemente. Nur Unterelemente, die über Slots Daten aus der aktuellen Instanz erhalten, werden ebenfalls neu gerendert.

vm.$nextTick

Aufruf: `vm.$nextTick( [callback] )`

- {Function} [callback]

Definiert ein Callback, dessen Aufruf erst nach dem Abschluss der nächsten Aktualisierung des DOM aufgerufen wird. Diese Funktion sollte unmittelbar nach der Änderung von Daten angewendet werden, um so auf die Aktualisierung der Ansicht zu warten.

Diese Funktion ist ein Alias für die globale Funktion `Vue.nextTick`, allerdings mit der Ausnahme, dass der Kontext des Callbacks für `this` sich automatisch auf die Instanz bezieht, die diese Funktion aufruft.

```
var vm = new Vue({
 ...
 methods: {
  ...
  example: function () {
   this.message = 'changed'
   this.$nextTick(function () {
```

```
      this.doSomethingElse()
    })
  }
 }
})
```

vm.$destroy

Aufruf: vm.$destroy()

Entfernt eine komplette Vue-Instanz. Dabei werden alle Direktiven, Event-Listener und Verbindungen zu anderen Instanzen aufgelöst. Dies löst die Lifecycle-Hooks beforeDestroy und destroyed aus.

Im Normalfall sollte es nicht notwendig sein, diese Funktion selbst aufzurufen. Stattdessen sollte der Lebenszyklus von untergeordneten Components datenorientiert über v-if und v-for kontrolliert werden.

KAPITEL 22

Direktiven

In diesem Kapitel werden alle Direktiven von Vue aufgeführt.

v-text

Erwartet: String

Aktualisiert textContent für ein Element:

```
<span v-text="message"></span>
```

v-html

Erwartet: String

Aktualisiert innerHTML für ein Element:

```
<div v-html="text"></div>
```

Das übergebene HTML wird dabei nicht vom Vue Template Compiler verarbeitet. Aus diesem Grund werden etwa CSS-Regeln von Single File Components mit dem Schlüsselwort scoped nicht vom HTML innerhalb von v-html erkannt.

v-show

Erwartet: egal

Setzt den Wert für das CSS-Attribut display für ein Element gemäß der Auswertung des übergebenen Ausdrucks:

```
<div v-show="battery < 20">
  Please charge your device soon
</div>
```

Diese Direktive löst bei Wertänderungen Transitions aus.

v-if

Erwartet: egal

Rendert ein Element gemäß der Auswertung des übergebenen Ausdrucks:

```
<div v-if="battery < 20">
  Please charge your device soon
</div>
```

Das Element und alle enthaltenen Direktiven und Components werden bei jeder Wertänderung zerstört und neu erzeugt. Handelt es sich bei dem Element um <template>, wird v-if auf dessen Inhalt angewendet. Wird v-if in Kombination mit v-for verwendet, wird v-for höher priorisiert.

Diese Direktive löst bei Wertänderungen Transitions aus.

v-else

Erwartet: Erwartet keinen Ausdruck.

Restriktionen: Das vorangegangene Element muss die Direktive v-if oder v-else-if verwenden.

Definiert den else-Block für die Direktive v-if oder eine Verkettung der Direktiven v-if und v-else-if:

```
<div v-if="battery < 20">
  Please charge your device soon
</div>
<div v-else>
  Device charged
</div>
```

v-else-if

Erwartet: egal

Restriktionen: Das vorangegangene Element muss die Direktive v-if oder v-else-if verwenden.

Definiert den else-if-Block für die Direktive v-if. Eine Verkettung ist möglich:

```
<div v-if="type === 'A'">
 A
</div>
<div v-else-if="type === 'B'">
 B
</div>
<div v-else-if="type === 'C'">
 C
</div>
<div v-else>
 Not A/B/C
</div>
```

v-for

Erwartet: Array, Object, Number oder String

Rendert das Element oder den Template-Block mehrmals gemäß den übergebenen Daten. Die Direktive schreibt die spezielle Syntax alias in expression vor, um einen Namen für das aktuelle Element der Iteration zu definieren:

```
<div v-for="item in items">
 {{ item.text }}
</div>
```

Ein Index (oder Key bei Objekten) kann zusätzlich definiert werden:

```
<div v-for="(item, index) in items"></div>
<div v-for="(val, key) in object"></div>
<div v-for="(val, key, index) in object"></div>
```

Beim Standardverhalten von v-for werden die anzuzeigenden Elemente lediglich aktualisiert, ohne sie zu verschieben. Um eine Neusortierung der Elemente zu erzwingen, muss ein Hinweis zur Sortierung über das spezielle Attribut key angegeben werden:

```
<div v-for="item in items" :key="item.id">
{{ item.text }}
</div>
```

In Kombination mit v-if wird v-for höher priorisiert.

v-on

Kurzschreibweise: @

Erwartet: Function, Inline Statement oder Object

Argument: event

Modifizierer:

- .stop: ruft event.stopPropagation() auf.
- .prevent: ruft event.preventDefault() auf.
- .capture: fügt den Event-Listener im Capture-Modus hinzu.
- .self: löst nur aus, wenn das Event von diesem Element ausgelöst wurde.
- .keyCode: löst nur bei bestimmten Tasten aus.
- .keyAlias: löst nur bei bestimmten Tasten aus.
- .native: reagiert nur auf native Events des Root-Elements der Component
- .once: löst den Listener maximal einmal aus.
- .left: löst nur bei Events der linken Maustaste aus.
- .right: löst nur bei Events der rechten Maustaste aus.
- .middle: löst nur bei Events der mittleren Maustaste aus.
- .passive: fügt ein DOM-Event mit { passive: true } an.

Fügt einen Event-Listener an das Element an. Der Eventtyp wird durch das Argument bestimmt. Der Ausdruck kann den Namen einer Funktion oder ein Inline-Statement enthalten. Sofern Modifizierer angegeben wurden, kann der Ausdruck auch weggelassen werden.

```html
<button v-on:click="doThis"></button>

<button v-on:click="doThat('hi', $event)"></button>

<button @click="doThis"></button>

<button @click.stop="doThis"></button>

<button @click.prevent="doThis"></button>

<form @submit.prevent></form>

<button @click.stop.prevent="doThis"></button>

<input @keyup.enter="onEnter">

<input @keyup.13="onEnter">

<button v-on:click.once="doThis"></button>
```

Bei normalen Elementen wird nur auf native DOM-Events geprüft. Handelt es sich bei dem Element um eine Component, wird auf benutzerdefinierte Events geprüft, die von dieser Component ausgelöst wurden.

Wird auf native DOM-Events geprüft, erhält die Funktion das Eventobjekt als einziges Argument. Wird ein Inline-Statement genutzt, ist innerhalb des Statements die spezielle Variable $event verfügbar: v-on:click="handle('ok', $event)".

v-on unterstützt außerdem die Übergabe eines Objekts, bei dem die Paare an Events und der dazugehörige Listener jeweils über die Attribute und ihre jeweiligen Werte definiert werden. Bei dieser Syntax werden Modifizierer allerdings nicht unterstützt:

```html
<button v-on="{ mousedown: goDown }"></button>
```

v-bind

Kurzschreibweise: :

Erwartet: egal (mit Argument) oder Object (ohne Argument)

Argument: attrOrProp (optional)

Modifizierer:

- `.prop`: Verknüpfung als DOM-Eigenschaft statt als Attribut. Ist das Zielelement eine Component, wird `.prop` die Eigenschaft an das unter $el definierte Element der Component anknüpfen.
- `.camel`: wandelt den in Kebab Case definierten Namen des Attributs in Camel Case um.
- `.sync`: eine Kurzschreibweise, die einen Event-Handler via v-on zur Aktualisierung des verknüpften Werts hinzufügt.

Sorgt für die dynamische Verknüpfung von HTML-Attributen oder Props einer Component mit einem JavaScript-Ausdruck:

```
<img v-bind:src="imageSrc">
```

```
<img :src="imageSrc">
```

```
<img :src="'/path/to/images/' + fileName">
```

Bei der Verknüpfung der HTML-Attribute class oder style werden zusätzliche Datentypen wie Arrays oder Objekte unterstützt:

```
<div :class="{ red: isRed }"></div>
```

```
<div :class="[classA, classB]"></div>
```

```
<div :class="[classA, { classB: isB }]">
```

```
<div :style="{ fontSize: size + 'px' }"></div>
```

```
<div :style="[styleObjectA, styleObjectB]"></div>
```

Bei der Verknüpfung von Props muss die entsprechende Prop korrekt in der Component definiert sein:

```
<my-component :prop="someThing"></my-component>
```

Wird kein Argument bereitgestellt, kann auch ein Objekt verknüpft werden, das die Attributnamen als Objektattribute und den dazugehörigen Ausdruck als Attributwert definiert. Wird diese Variante gewählt, kann bei der Verknüpfung von class oder style allerdings nicht mit Arrays oder Objekten gearbeitet werden:

```
<div v-bind="{ id: idProp, 'age': ageProp }"></div>
```

v-model

Erwartet: Variiert je nach Wert des Formularfelds oder der Ausgabe der Component.

Limitiert auf:

- `<input>`
- `<select>`
- `<textarea>`
- Components

Modifizierer:

- `.lazy`: reagiert nur auf change-Events anstelle von input.
- `.number`: führt einen Cast des Eingabe-Strings in einen numerischen Wert aus.
- `.trim`: trimmt den Eingabewert.

Erzeugt ein beidseitiges Data Binding für ein Formularelement oder eine Component.

v-pre

Überspringt die Kompilierung des Elements und aller Unterelemente durch den Vue-Compiler. Dies ist nützlich, um Interpolationen mit der Mustache-Syntax darzustellen.

```
<span v-pre>{{ this will not be compiled }}</span>
```

v-cloak

Diese Direktive bleibt am Element angeheftet, bis die dazugehörige Vue-Instanz das Rendering abgeschlossen hat. In Kombination mit CSS-Regeln kann so die Darstellung von noch nicht aufgelösten Interpolationen mit der Mustache-Syntax verborgen werden, bis die Vue-Instanz bereit ist:

```
<!-- CSS-Definition für v-cloak -->
[v-cloak] {
 display: none;
}

<!-- Anwendung von v-cloak in einem Template -->
<div v-cloak>
 {{ message }}
</div>
```

v-once

Erwartet: Erwartet keinen Ausdruck.

Rendert ein Element oder eine Component nur einmalig. Bei späteren Aktualisierungen werden das Element oder die Component sowie alle Unterelemente als statische Elemente behandelt und übersprungen:

```
<span v-once>This will never change: {{msg}}</span>
```

```
<my-component v-once :comment="msg"></my-component>
```

Diese Direktive kann genutzt werden, um die Performance von Updates zu verbessern.

KAPITEL 23

Spezielle Attribute

In diesem Kapitel werden spezielle Attribute von Vue aufgeführt.

key

Erwartet: `Number` oder `String`

Das spezielle Attribut key wird vorrangig dazu verwendet, den Algorithmus des virtuellen DOM von Vue dabei zu unterstützen, die einzelnen VNodes zu identifizieren, etwa wenn bei der Nutzung von v-for eine neue Liste mit Nodes mit einer alten Liste verglichen wird:

```
<ul>
  <li v-for="item in items" :key="item.id">
    ...
  </li>
</ul>
```

Ohne die Angabe von Keys würde Vue einen Algorithmus verwenden, der die notwendigen Bewegungen von Nodes minimiert, und dabei versuchen, bereits bestehende Nodes wiederzuverwenden oder zu aktualisieren. Werden hingegen Keys verwendet, werden alle Elemente basierend auf den Werten der Keys neu sortiert und nicht länger vorhandene Elemente dabei immer entfernt.

Alle Unterelemente eines Elements müssen immer eindeutige Keys vergeben. Bei Key-Duplikaten werden Renderfehler erzeugt.

Das Attribut key kann ferner verwendet werden, um den Austausch eines Elements oder einer Component anstelle der Wiederverwertung eines bereits vorhandenen Elements zu forcieren. Dies ist in erster Linie nützlich, um das korrekte Auslösen von Lifecycle-Hooks einer Component oder von Transitions sicherzustellen:

```
<transition>
 <span :key="text">{{ text }}</span>
</transition>
```

Sobald sich text ändert, wird das Element <span> durch die Angabe von key immer neu erstellt statt aktualisiert. Daher wird bei jeder Änderung des Texts die spezifizierte Transition neu ausgelöst.

ref

Erwartet: String

Mit dem Attribut ref wird eine Referenz auf das entsprechende Element oder die Component registriert. Die Referenz wird im Objekt $refs der übergeordneten Component hinterlegt. Bei normalen DOM-Elementen entspricht die Referenz dem Element. Bei einer Component entspricht die Referenz der Instanz der Component:

```
<p ref="p">hello</p>

<child-component ref="child"></child-component>
```

Wird ref in Kombination mit v-for für eine Mehrzahl an Elementen oder Components verwendet, enthält die registrierte Referenz unter $refs ein Array mit allen Elementen oder Instanzen der Components.

Da alle Referenzen erst nach dem Abhandeln der Renderfunktion erzeugt werden, sind sie während des ersten Rendervorgangs nicht verfügbar. Des Weiteren ist $refs keine reaktive Eigenschaft, sodass sie nicht in Templates oder für das Data Binding verwendet werden sollte.

slot

Erwartet: String

Wird für den in eine Component einzufügenden Inhalt verwendet, um anzugeben, zu welchem benannten Slot der Inhalt gehört.

slot-scope

Erwartet: Function Argument Expression

Wird genutzt, um ein Element oder eine Component als Slot mit einem Scope zu markieren. Der Wert sollte ein JavaScript-Ausdruck sein, der auch als Definition eines Parameters für eine Funktion genutzt werden könnte. Dieses Attribut unterstützt kein dynamisches Binding.

is

Erwartet: String oder Object (Optionenobjekt einer Component)

is wird für die Nutzung von dynamischen Components verwendet:

```
<component v-bind:is="currentView"></component>
```

Ferner kann is verwendet werden, um die Limitierungen von DOM-Templates zu umgehen und so die Integration von Components etwa innerhalb von HTML-Tabellen zu ermöglichen:

```
<table>
 <tr is="my-row"></tr>
</table>
```

KAPITEL 24

Vordefinierte Components

In diesem Kapitel werden alle vordefinierten Components vorgestellt, die von Vue bereitgestellt werden.

component

Props:

- `is`: String, Component-Definition oder -Konstruktor
- `inline-template`: Boolean

Eine »Meta-Component«, die für das Erzeugen von dynamischen Components verwendet wird. Die eigentlich zu erzeugende Component wird durch die Prop `is` bestimmt:

```
<component :is="componentId"></component>
```

transition

Props:

- `name`: String, wird genutzt, um automatisch Namen für die CSS-Klassen zu generieren. Der Standardwert ist `'v'`.
- `appear`: Boolean, legt fest, ob eine Transition beim initialen Rendering angewendet wird. Der Standardwert ist `false`.
- `css`: Boolean, legt fest, ob CSS-Klassen für Transitions genutzt werden sollen. Der Standardwert ist `true`. Bei `false` werden nur registrierte JavaScript-Hooks ausgeführt.

- `type`: String, spezifiziert den Typ der Transition-Events. Die möglichen Werte sind `'transition'` und `'animation'`. Als Standardwert wird automatisch die Variante mit einer längeren Dauer gewählt.
- `mode`: String, kontrolliert die Timing-Sequenz für eingehende und ausgehende Transitions. Verfügbare Werte sind `'out-in'` und `'in-out'`. Der Standardwert definiert ein simultanes Verhalten.
- `enter-class`: String, spezifiziert eine CSS-Klasse für diese Phase der Transition.
- `leave-class`: String, spezifiziert eine CSS-Klasse für diese Phase der Transition.
- `appear-class`: String, spezifiziert eine CSS-Klasse für diese Phase der Transition.
- `enter-to-class`: String, spezifiziert eine CSS-Klasse für diese Phase der Transition.
- `leave-to-class`: String, spezifiziert eine CSS-Klasse für diese Phase der Transition.
- `appear-to-class`: String, spezifiziert eine CSS-Klasse für diese Phase der Transition.
- `enter-active-class`: String, spezifiziert eine CSS-Klasse für diese Phase der Transition.
- `leave-active-class`: String, spezifiziert eine CSS-Klasse für diese Phase der Transition.
- `appear-active-class`: String, spezifiziert eine CSS-Klasse für diese Phase der Transition.

Events:

- `before-enter`
- `before-leave`
- `before-appear`
- `enter`
- `leave`
- `appear`
- `after-enter`
- `after-leave`

- `after-appear`
- `enter-cancelled`
- `leave-cancelled` (nur mit v-show)
- `appear-cancelled`

Über `<transition>` werden Übergangseffekte für einzelne Elemente und Components realisiert. Die Component `<transition>` wendet ausschließlich das definierte Verhalten für eine Transition auf den von ihr umschlossenen Inhalt an und erzeugt kein eigenes DOM-Element:

```
<transition>
 <div v-if="ok">toggled content</div>
</transition>

<transition name="fade" mode="out-in" appear>
 <component :is="view"></component>
</transition>
```

transition-group

Props:

- wie `<transition>` (außer mode)
- tag: String, Standardwert ist `'span'`
- move-class: String

Events:

- wie `<transition>`

Über `<transition-group>` werden Übergangseffekte für mehrere Elemente und Components realisiert. `<transition-group>` erzeugt dabei ein eigenes DOM-Element. Im Normalfall ist dies `<span>`. Ein anderes Element kann über die Prop tag definiert werden:

```
<transition-group tag="ul" name="slide">
 <li v-for="item in items" :key="item.id">
  {{ item.text }}
 </li>
</transition-group>
```

Jedes Unterelement von `<transition-group>` muss über das Attribut key eindeutig benannt sein, damit die Animationen korrekt funktionieren.

Über `<transition-group>` lassen sich mit der CSS-Eigenschaft `transform` auch Bewegungsanimationen realisieren. Dazu wird für die Dauer der Bewegung eines Elements eine eigene CSS-Klasse angefügt.

keep-alive

Props:

- `include`: String, regulärer Ausdruck oder Array. Nur die hierzu passenden Components werden zwischengespeichert.
- `exclude`: String, regulärer Ausdruck oder Array. Nur die hierzu passenden Components werden nicht zwischengespeichert.

Wird eine dynamische Component von `<keep-alive>` umschlossen, werden die inaktiven Components zwischengespeichert und nicht zerstört. Ähnlich wie `<transition>` ist auch `<keep-alive>` eine abstrakte Component, die kein eigenes DOM-Element erzeugt:

```
<keep-alive>
 <component :is="view"></component>
</keep-alive>
```

Wechselt der Status einer Component innerhalb von `<keep-alive>`, werden die Lifecycle-Hooks `activated` und `deactivated` für die Component und alle weiteren verschachtelten Components ausgelöst.

Hauptsächlich wird `<keep-alive>` dazu verwendet, den Zustand einer Component zu erhalten oder ein erneutes Rendering zu vermeiden.

Wichtig anzumerken ist, dass `<keep-alive>` für eine direkt untergeordnete Component gedacht ist, die dynamisch ausgetauscht wird und bei der die immer nur eine der untergeordneten Components gerendert wird. Eine Nutzung mit `v-for` ist nicht möglich. Außerdem funktioniert `<keep-alive>` nicht mit funktionalen Components, da sie keine eigene Instanz erzeugen.

Über die Props `include` und `exclude` kann festgelegt werden, dass Components zwischengespeichert werden sollen:

```
<keep-alive include="a,b">
 <component :is="view"></component>
</keep-alive>
```

slot

Props:

- `name`: String, nötig für benannte Slots.

Die Component `<slot>` agiert als Ausgabeelement für einzufügende Slot-Inhalte innerhalb von Templates für eine Component. Das Element `<slot>` wird dabei später durch den Inhalt des Slots ersetzt.

TEIL IV

Tägliches Arbeiten mit Vue

Glückwunsch! Wenn Sie hier gelandet sind, haben Sie sich vermutlich mit allen wichtigen Funktionen von Vue ausführlich vertraut gemacht!

Dennoch werden Sie feststellen, dass es bei der täglichen Arbeit immer wieder kleinere Stolpersteine, Sonderfälle oder gar Glaubensfragen geben kann, etwa beim Entwurf wirklich flexibler Vue-Components.

Dieser Teil des Buchs soll Ihnen zum Abschluss ein paar Hilfestellungen geben. Er beschreibt Lösungsansätze für einige gängige Probleme und zeigt auf, wo Sie hilfreiches Material zu bestimmten Themen finden.

Bitte verstehen Sie die Beispiele in diesem Teil als eine Art Anregung. Nutzen Sie die nachfolgenden Inhalte also als erste Orientierung zur weiterführenden Recherche der einzelnen Themen.

KAPITEL 25

Weiterführende Inhalte

Ein Buch der Reihe »kurz & gut« kann zwar ein kompakter und hilfreicher Begleiter im Alltag sein, niemals jedoch ein komplettes Kompendium.

Die erste Anlaufstelle sollte daher immer die offizielle Dokumentation von Vue unter *https://vuejs.org/v2/guide/* sein. Darin finden sich einige zusätzliche Themen, die aus Platzgründen nicht in diesem Buch erwähnt werden konnten. Dies sind Themen wie globale Mixins, Plug-ins oder benutzerdefinierte Direktiven – alles nützliche Bestandteile, etwa wenn man seine erste eigene Erweiterung für Vue schreiben möchte.

Es lohnt sich ebenfalls, die in diesem Buch behandelten Themen in der offiziellen Dokumentation nachzulesen. Das Thema Übergangseffekte etwa kann im Browser wesentlich greifbarer erläutert werden als in einem Buch, da es hier um interaktive Beispiele ergänzt wird, mit denen direkt experimentiert werden kann. Auch Renderfunktionen sind ein Thema für sich und hätten den Rahmen dieses Buchs gesprengt.

Die API-Referenz unter *https://vuejs.org/v2/api/* sollte ebenfalls einen Weg in die Favoritenliste Ihres Browsers finden. Eventuell hat ein Minor Release von Vue zwischenzeitlich die eine oder andere Funktionalität hinzugefügt, die beim Schreiben dieses Werks noch nicht existierte.

Wer die gedruckte Form bevorzugt, findet mit »Vue.js Up & Running« von Callum Macrae von O'Reilly Media ein weiteres Buch zum Thema Vue in englischer Sprache.

Styleguide

Bei der Entwicklung mit Vue empfiehlt sich die Berücksichtigung einiger syntaktischer Regeln, um Fehler und Unklarheiten zu vermeiden. Der komplette Vue-Styleguide ist unter *https://vuejs.org/v2/style-guide/* zu finden. Zu den essenziellen Regelungen des Styleguides gehört Folgendes:

Components mit mehreren Wörtern benennen

Jede Component sollte mit mindestens zwei Wörtern benannt werden, die mit einem Bindestrich verbunden sind. So werden Namenskonflikte mit allen bestehenden und zukünftigen HTML-Elementen vermieden.

Schlecht:

```
Vue.component('todo', {
  ...
})
```

Gut:

```
Vue.component('todo-item', {
  ...
})
```

Bei Components muss data als Funktion definiert sein

Wird das Attribut data für eine Component verwendet, muss es als Funktion definiert sein. So wird sichergestellt, dass jede Instanz einer Component mit einem eigenen Objekt arbeitet.

Schlecht:

```
Vue.component('my-component', {
  data: {
    foo: 'bar'
  }
})
```

Gut:

```
Vue.component('my-component', {
  data: function () {
    return {
```

```
      foo: 'bar'
    }
  }
})
```

Props so detailliert wie möglich definieren

Die simpelste Möglichkeit, um Props für eine Component zu definieren, ist die Spezifizierung über ein Array. Mit der Objektsyntax
können hingegen auch der Typ, Standardwerte und Validierungsregeln definiert werden. Diese Variante sollte daher immer präferiert
werden.

Schlecht:

```
props: ['status']
```

Gut:

```
props: {
  status: {
    type: String,
    required: true,
    validator: function (value) {
      return [
        'syncing', 'synced', 'error'
      ].indexOf(value) !== -1
    }
  }
}
```

Bei v-for immer das Attribut key nutzen

Bei Components ist das Attribut key bei v-for immer verpflichtend,
damit der interne Component-Status erhalten werden kann. Und
selbst bei normalen Elementen kann es sinnvoll sein, über key ihr
Verhalten (etwa für Animationen und Sortierungen) zu kontrollieren.

Schlecht:

```
<ul>
  <li v-for="todo in todos">
    {{ todo.text }}
  </li>
</ul>
```

Gut:

```
<ul>
  <li v-for="todo in todos" :key="todo.id">
  {{ todo.text }}
  </li>
</ul>
```

v-if und v-for nicht auf demselben Element nutzen

Auch wenn es verführerisch sein kann, sollten v-if und v-for niemals in Kombination für ein Element genutzt werden. Oft wird
diese Kombination verwendet, um Elemente eines Arrays zu filtern,
etwa mit v-for="user in users" v-if="user.isActive", was sich
jedoch auch durch eine Computed Property umsetzen ließe.
Möchte man hingegen eine komplette Liste ausblenden, sollte v-if
in ein umschließendes Element der Liste verschoben werden.

Durch die Verwendung von Computed Properties statt v-if mit v-
for verbessern sich die Performance und die Anzahl an Renderings.
Außerdem wird so die Logik besser vom Template entkoppelt.

Schlecht:

```
<ul>
  <li v-for="user in users" v-if="user.isActive" :key="user.id" >
  {{ user.name }}
  <li>
</ul>
```

Gut:

```
<ul>
  <li v-for="user in activeUsers" :key="user.id">
  {{ user.name }}
  <li>
</ul>
```

Scoped Styles für Single File Components nutzen

Components sollten ihre Styles immer mit dem Schlüsselwort
scoped definieren. Dies gilt nur bei der Nutzung von Single File
Components. Die Root-Component einer Anwendung oder spezielle Components für das Layout können hiervon ausgenommen

sein. Dadurch können gerade in größeren Projekten Seiteneffekte und Namenskonflikte vermieden werden.

Bei der Entwicklung von Component-Bibliotheken sollte die Nutzung von Namenskonventionen über CSS-Klassen der Verwendung des Schlüsselworts scoped vorgezogen werden.

Schlecht:

```
<template>
 <button class="btn btn-close">X</button>
</template>

<style>
.btn-close {
 background-color: red;
}
</style>
```

Gut:

```
<template>
 <button class="button button-close">X</button>
</template>

<style scoped>
.button {
 border: none;
 border-radius: 2px;
}
.button-close {
 background-color: red;
}
</style>
```

Präfix für private Eigenschaften von Mixins nutzen

Bei Mixins sollte das Präfix $_ verwendet werden, um eine private Eigenschaft zu kennzeichnen. Um Namenskonflikte mit Autoren anderer Mixins zu vermeiden, sollte zudem eine Namenskonvention wie $_yourMixinName_ genutzt werden.

Vue benutzt das Präfix _ für die Definition privater Eigenschaften. Das Präfix $ markiert hingegen spezielle Eigenschaften einer Vue-Instanz. Daher wird $_ als Präfix für benutzerdefinierte private

Eigenschaften empfohlen, damit so Namenskonflikte mit Vue vermieden werden.

Schlecht:

```
var myGreatMixin = {
 ...
 methods: {
  update: function () {
   ...
  }
 }
}
```

Gut:

```
var myGreatMixin = {
 ...
 methods: {
  $_myGreatMixin_update: function () {
   ...
  }
 }
}
```

Vue Cookbook

Unter der Adresse *https://vuejs.org/v2/cookbook* führen die Entwickler verschiedene Beispiele an, die sich als Ergänzung zur Dokumentation verstehen. Dazu gehören etwa eine umfassendere Erläuterung der Validierung von Formularen sowie die Anbindung von externen APIs mit Zusatzbibliotheken wie Axios. Aktuell ist dieser Bestandteil der Vue-Dokumentation noch recht neu, soll aber stetig erweitert werden.

Auf dem Laufenden bleiben

Alle geplanten Meilensteine für zukünftige Versionen von Vue werden unter *https://github.com/vuejs/roadmap* notiert. Wer darüber hinaus auf dem Laufenden bleiben will, hat dazu diverse weitere Möglichkeiten.

Unter *https://news.vuejs.org* erscheinen wöchentlich neue Beiträge, darunter Infos zu kommenden Versionen von Vue, seinen Tools und Paketen.

Auf dem Portal *Medium* ist unter *https://medium.com/the-vue-point* das offizielle Vue-Blog zu finden.

Für die Vernetzung auf Twitter sind die Handles *@vuejs* (offizielle Seite von Vue.js) sowie *@youyuxi* (Vue-Erfinder Evan You) relevant. In der offiziellen Dokumentation von Vue sind unter dem Punkt *Meet the Team* zudem viele weitere Entwickler aus dem Vue-Team mit ihren Handles aufgeführt. Auch sie teilen regelmäßig relevante Inhalte auf ihren Profilen.

Das offizielle Forum ist unter *https://forum.vuejs.org* zu erreichen, den offiziellen Chatroom finden Sie unter *https://chat.vuejs.org*. Wer sich in der realen Welt vernetzen möchte, findet unter der Adresse *https://vuemeetups.org* Meet-ups und Events in seiner Nähe.

Hilfe und Tipps aus der Community

Unter *https://news.vuejs.org* werden regelmäßig nützliche Beiträge aus der Community veröffentlicht. Darüber hinaus gibt es einige andere Seiten, die sich mit Vue beschäftigen.

Jeffrey Way bietet unter *https://laracasts.com* neben dem Schwerpunkt Laravel ein kostenloses Videotutorial zu Vue.js an. An die Seite ist auch ein sehr lebendiges Forum mit einer eigenen Sektion zum Thema Vue angeschlossen.

Unter *https://vuemastery.com* werden ebenfalls Videotutorials zum Thema Vue angeboten. Der Kurs zum Einstieg ist auch hier kostenfrei, einige weitere Kurse sind jedoch kostenpflichtig, wobei ein Teil des Gelds der Entwicklung von Vue zugutekommt.

Schlussendlich ist *https://vueschool.io* eine gute Anlaufstelle. Auf dieser Seite finden sich diverse Videokurse zum Thema Vue. Der erste Einsteigerkurs ist auch hier wieder kostenlos, Kurse zu weiterführenden Themen sind kostenpflichtig.

KAPITEL 26

Zusätzliche Tools und Pakete

Die Inhalte dieses Buchs haben sich bislang fast ausschließlich auf Vue selbst konzentriert. Dennoch gibt es Anwendungsfälle, für die dieser Kern keine Lösungen bereitstellt. Das liegt daran, dass die Entwickler den Kern von Vue kompakt halten möchten. Daher wurden einige Funktionen in separate Pakete ausgelagert, die aber ebenfalls ständig von den Vue-Entwicklern weiterentwickelt werden und im Verbund mit Vue genutzt werden sollten. Diese Pakete sowie einige weitere nützliche offizielle Tools werden in diesem Kapitel vorgestellt.

Unter *https://github.com/vuejs* sind die Repositories zu allen offiziellen Paketen für Vue zu finden. Die Liste »Awesome Vue« unter der Adresse *https://github.com/vuejs/awesome-vue* bietet eine kuratierte Übersicht über viele nützliche Inhalte mit Bezug zu Vue.

Vue CLI

Das Vue Command Line Interface wurde im Rahmen des zweiten Teils dieses Buchs bereits vorgestellt. Ein Großteil aller Projekte mit Vue findet hier seinen Anfang. Daher sei an dieser Stelle noch einmal auf die Dokumentation des Vue CLI unter *https://cli.vuejs.org* hingewiesen. Sie bietet verschiedenste Erläuterungen zur generellen Arbeit, erklärt alle möglichen Konfigurationsoptionen und geht auch auf die Verwendung von Plug-ins (etwa für TypeScript oder ESLint) ein.

Vue Devtools

Ein unerlässliches Tool bei der Entwicklung mit Vue sind die Devtools. Mit den Devtools können alle Components und ihre Daten einer Vue-Anwendung in Echtzeit inspiziert werden. Das hilft immens beim Testen der Funktionalität und bei der Suche nach Fehlern.

Die Devtools sind als Browsererweiterung für Google Chrome und Mozilla Firefox erhältlich. Weitere Informationen finden Sie auf der Seite *https://github.com/vuejs/vue-devtools*.

Nach der Installation genügt etwa in Google Chrome ein Rechtsklick innerhalb der Webseite, gefolgt von der Auswahl von *Untersuchen*. Im Anschluss öffnet Google Chrome die Entwicklertools, die nun über ein zusätzliches Register für die Vue Devtools verfügen. Dabei ist zu beachten, dass die Devtools nur für Entwickler-Builds von Vue genutzt werden können. Wurde ein Produktiv-Build erzeugt, sind die Devtools im Browser nicht verfügbar.

Vue Loader

Bei der Arbeit mit Single File Components sorgt ein Paket mit dem Namen vue-loader dafür, dass alle Dateien mit der Endung *.vue* in ein für Webpack verständliches Format übersetzt werden. Dadurch lassen sich zusätzliche Funktionen wie etwa Scoped CSS oder Hot Reloading nutzen.

Unter *https://vue-loader.vuejs.org* ist die offizielle Dokumentation für den Vue Loader zu finden. Darin können alle Funktionen noch einmal nachgelesen werden. Darüber hinaus liefert sie viele Informationen zur Konfiguration von Webpack. Damit können Single File Components in Projekten mit Webpack verwendet werden, die nicht mit der Vue CLI erstellt wurden.

Routing mit Vue Router

Bei größeren Anwendungen mit vielen verschiedenen Views kann es nötig sein, eine Lösung für das Routing zu implementieren. Dazu werden basierend auf der URL in der Adresszeile des Browsers von Vue unterschiedliche Components angezeigt. Da hierdurch die einzelnen Unterseiten einer Webseite nur »simuliert« und durch das JavaScript immer nur dynamisch ausgetauscht werden, spricht man von sogenannten Single Page Applications. Mit dem Vue Router stellen die Entwickler von Vue hierfür ein offizielles Paket bereit.

Die Hauptfunktion des Vue Router ist die Verknüpfung einzelner Components mit einer entsprechenden Route. Ein einfaches Template mit Vue Router könnte wie folgt aussehen:

```
<script src="https://unpkg.com/vue/dist/vue.js"></script>
<script src="https://unpkg.com/vue-router/dist/vue-router.js">
</script>

<div id="app">
 <h1>My Blog</h1>
 <p>
  <router-link to="/home">Home</router-link>
  <router-link to="/about">About me</router-link>
 </p>
 <router-view></router-view>
</div>

<script>
 var vm = new Vue({
  el: '#app',
  router: new VueRouter({
   routes: [
    { path: '/home', component: homeComponent },
    { path: '/about', component: aboutComponent }
   ]
  })
 })
</script>
```

Die einzelnen Routen werden über die Component `<router-link>` definiert, die später als Element `<a>` im Template gerendert wird. Die eigentliche Route wird über die Prop to übergeben. Die Component `<router-view>` fungiert als Platzhalter. In ihr wird die Component der aktiven Route angezeigt. Innerhalb der Vue-Instanz wird eine neue Instanz des Vue Router über das Objektattribut router übergeben, die unter routes ein Array mit allen Routen und den dazugehörigen Components definiert.

Unter *https://router.vuejs.org* ist die vollständige Dokumentation zum Vue Router zu finden.

State Management mit Vuex

Größere Anwendungen können komplex und unübersichtlich werden, wenn bei besonders vielen Components der aktuelle Status der Anwendung nicht immer klar ist. Das kann passieren, wenn mehrere Views der Anwendung vom gleichen Teil des States abhängig sind oder Interaktionen von unterschiedlichen Views den gleichen Teil des States modifizieren müssen.

Für diesen Fall gibt es mit *Vuex* eine eigene Bibliothek, die ein Pattern für State Management bereitstellt. Anstatt die oben aufgeführten Probleme mit Props oder Referenzierungen zu lösen (was zu ziemlich schrecklichem Code führen kann), wird der State aus den Components extrahiert und von einer globalen und eindeutigen Instanz zentral verwaltet.

Unter *https://vuex.vuejs.org* ist die vollständige Dokumentation für Vuex zu finden.

Serverseitiges Rendering

Vue ist für die Entwicklung von Clientanwendungen gedacht. Dazu erzeugen und manipulieren die Vue-Components das DOM des Browsers und erwirken so die Darstellung der Daten. Natürlich lassen sich diese Components aber auch vorab auf einem Server in HTML-Strings rendern, die dann an den Browser gesendet und dort verarbeitet werden. Dies hat zwei große Vorteile:

- Bessere Optimierung für Suchmaschinen, da die Crawler über den Server direkt Zugriff auf das fertige Layout erhalten und es nicht vorab im Client kompiliert werden muss.
- Schnellere Darstellung der Inhalte, da eine erste Version der Seite bereits vom Server an den Browser gesendet wird und nicht erst abgewartet werden muss, bis der JavaScript-Code vollständig geladen wurde. Dies ist besonders bei mobilen Endgeräten oder langsameren Internetverbindungen von Vorteil.

Zur Umsetzung von serverseitigem Rendering bietet Vue mit dem vue-server-renderer ebenfalls ein eigenes Paket. Die vollständige Dokumentation ist unter *https://ssr.vuejs.org* zu finden.

KAPITEL 27

Typische Probleme und Lösungen

Globale Components automatisch registrieren

Generische Components sollen möglichst immer im gesamten Projekt verfügbar sein. Oft müssen diese Components dazu innerhalb anderer Components immer wieder registrieren werden:

```
import ActionButton from './ActionButton.vue'
import CurrencyInput from './CurrencyInput.vue'

export default {
 components: {
  ActionButton,
  CurrencyInput
 }
}
```

Alternativ können diese Components global registriert werden. Dann müsste aber bei jeder neuen Component der Code angepasst werden.

Mit dem Vue CLI (oder einem anderen Build-Prozess mit Webpack) kann über die Funktion require.context auch eine automatisierte Lösung implementiert werden:

```
import Vue from 'vue'
import upperFirst from 'lodash/upperFirst'
import camelCase from 'lodash/camelCase'
const requireComponent = require.context(
 './components',
 false,
 /Base[A-Z]\w+\.(vue|js)$/
)
```

```
requireComponent.keys().forEach(fileName => {
 const componentConfig = requireComponent(fileName)
 const componentName = upperFirst(
  camelCase(
   fileName.replace(/^\.\/(.*)\.\w+$/, '$1')
  )
 )
 Vue.component(
  componentName,
  componentConfig.default || componentConfig
 )
})
```

In diesem Codebeispiel werden Vue und zwei Hilfsfunktionen der Bibliothek *Lodash* importiert. Dann werden zunächst alle relevanten Components über die Funktion require.context geladen. Dazu wird der Unterordner *components* angegeben. Der boolesche Parameter besagt, dass Unterordner nicht berücksichtigt werden. Ein Regex als dritter Funktionsparameter definiert, dass nach Dateien mit der Endung *.vue* gesucht werden soll.

Im zweiten Schritt wird mit der Funktion forEach über alle gefundenen Components iteriert. Dabei wird ihr Inhalt geladen, und über die Funktionen upperFirst und camelCase von Lodash wird ihr Name ermittelt. Danach wird jede Component global über die Vue-Klasse registriert. Dieser Schritt muss vor dem Erzeugen der Root-Instanz erfolgen.

Fremdbibliotheken für Templates bereitstellen

In umfangreichen Projekten kommen oft zusätzliche Bibliotheken zum Einsatz, etwa *Moment.js* für die Arbeit mit Datumsangaben. Nach der Installation über einen Paketmanager wie etwa npm wird eine solche Bibliothek oft wie folgt in den Build-Prozess integriert:

```
window.moment = require('moment')
```

Anschließend kann die Funktion moment() in Vue verwendet werden. Innerhalb von Templates wird das jedoch nicht funktionieren, da die Templates keinen Zugriff auf das globale Objekt window haben.

Dieses Problem lässt sich mit einem Mixin lösen, das nicht lokal, sondern global über die Vue-Klasse registriert wird:

```
Vue.mixin({
  methods: {
    moment(...args) {
      return window.moment(...args)
    }
  }
})
```

Durch die Definition der Funktion kann `moment()` nun auch in allen Templates genutzt werden. Mit dem Spread-Operator `...` aus ES2015 wird die Übergabe der Parameter realisiert. Die Registrierung des globalen Mixins muss vor dem Erzeugen der Root-Instanz erfolgen.

Auch andere Lösungsansätze wären möglich. Das Objekt `window` könnte etwa über `Vue.prototype` registriert oder über die Computed Property einer Component ihrem Template verfügbar gemacht werden.

Funktionale Components für Übergänge

Manchmal verfügt eine Component über keine eigene Logik, sondern modifiziert nur ihre untergeordneten Components. Ein Beispiel wäre eine benutzerdefinierte Transition. Sie lässt sich in eine eigene Component verpacken. Allerdings muss dann mit Slots gearbeitet werden, und die Ansicht der Vue Devtools wäre voller Transition-Components, die einen nicht interessieren. Funktionale Components schaffen hier Abhilfe:

```
<script>
 export default {
  functional: true,
   render(createElement, context){
    return createElement(
     'transition',
     { props: { name: 'fade', appear: true } },
     context.children
   )
  }
```

```
  }
</script>
<style scoped>
 .fade-enter-active, .fade-leave-active {
  transition: opacity .3s;
 }
 .fade-enter, .fade-leave-to {
  opacity: 0;
 }
</style>
```

Hier wurde ein typischer Übergang in eine Single File Component ausgelagert. Zwei Dinge sind besonders zu beachten. Zunächst wird statt eines Templates die Funktion render verwendet. Darüber hinaus wurde die Component über das Attribut functional als funktionale Component definiert.

Funktionale Components in Vue sind zustandslos. Sie verfügen über keine reaktiven Daten. Sie sind darüber hinaus instanzlos und haben keinen Kontext für this. Alle Daten, die die Component benötigt, werden über das Objekt context als zweiten Parameter an die Funktion render übergeben. In der Funktion wird in diesem Beispiel nur ein Element ‹transition› erzeugt, dem die Props name und appear übergeben werden. Diese konfigurieren Name und Verhalten des Übergangs. Über context.children werden dann alle Unterelemente weitergereicht.

Da funktionale Components instanzlos sind, können sie schneller von Vue gerendert werden. Außerdem tauchen sie zur besseren Übersicht nicht in den Devtools auf. Soll ein Template anstelle einer Funktion render genutzt werden, wird dieses wie folgt definiert:

```
<template functional>
 ...
</template>
```

Innerhalb des Templates besteht direkter Zugriff auf die Bestandteile des Objekts context: props, children, slots, data, parent, listeners und (sofern genutzt) injections.

Generell sind den Möglichkeiten ab hier kaum Grenzen gesetzt. Beispielsweise könnte auch ein Übergang für Listen mit ‹transition-group> in eine eigene Component ausgelagert werden, die ihre Unterelemente dann automatisch mit einem eindeutigen Attribut key versieht. Zuvor sollte aber auf jeden Fall die offizielle Dokumentation zu funktionalen Components und Renderfunktionen studiert werden, da es sich hier um ein komplexeres Thema handelt.

Sonderfälle beim Entwurf von Components

Je nach Situation kann es bei der Arbeit mit Components Sonderfälle geben, bei denen man sich mit entsprechender Vorsicht über die von Vue aufgestellten Regeln hinwegsetzen kann.

Generell ist es ratsam, den direkten Zugriff auf andere Components oder die manuelle Manipulation von Elementen im DOM zu vermeiden. Für diese Regel kann es jedoch auch Ausnahmen geben. So kann es etwa sinnvoll sein, via $root auf die Root-Instanz von Vue zuzugreifen:

```
var users = this.$root.users
```

Über $root haben alle Components Zugriff auf die Root-Instanz von Vue. Sie kann in kleineren Anwendungen mit wenigen Components als globaler Speicher verwendet werden. Für größere Anwendungen sollte aus Gründen der Skalierbarkeit hingegen Vuex vorgezogen werden.

Ganz ähnlich wie bei $root kann mit $parent auf die übergeordnete Component zugegriffen werden. Das macht Props zwar überflüssig, die Anwendung wird dadurch aber fehleranfälliger und schwieriger zu warten, gerade wenn über $parent Daten modifiziert werden oder die Components im Verlauf der Entwicklung tiefer verschachtelt werden und this.$parent plötzlich eine andere Component zurückliefert. Langfristig ist der Datenfluss in der Anwendung also nur sehr schwer nachzuvollziehen und für Fehler sehr empfänglich.

Der Zugriff auf untergeordnete Elemente und Components kann mit dem Attribut ref ermöglicht werden. Zunächst ist beispielsweise eine Component mit ref zu benennen:

```
<name-input ref="accountName"></name-input>
```

Im Anschluss kann wie folgt auf die Component zugegriffen werden:

```
this.$refs.accountName
```

Wird ref hingegen mit einem reinen DOM-Element verwendet, enthält das entsprechende Attribut von $refs dieses DOM-Element. Wird ref innerhalb von v-for benutzt, enthält das entsprechende Attribut von $refs ein Array von Elementen oder Components. Da $refs erst nach dem Rendering initialisiert wird und nicht reaktiv ist, sollte es nicht in Templates oder Computed Properties eingesetzt werden.

Events werden üblicherweise mit $emit ausgelöst, und ihre Listener werden mit der Direktive v-on registriert. Listener können jedoch auch über $on, $once und $off programmatisch registriert werden.

In Fällen, in denen sich eine Component nicht automatisch aktualisiert, liegt fast immer ein Fehler in Bezug auf die Sonderfälle des Reaktivsystems von Vue vor, etwa bei der Arbeit mit Arrays. Sollte ein manuelles Update dennoch einmal notwendig sein, kann dieses über $forceUpdate ausgelöst werden.

Wenn eine Component sehr viel statisches HTML enthält, kann es sinnvoll sein, die Direktive v-once auf das Root-Element der Component anzuwenden. Die Component wird dann nur einmalig evaluiert und für alle folgenden Darstellungen zwischengespeichert:

```
<template>
 <div v-once>
  ...
 </div>
</template>
```

Dependency Injection mit Components

Der direkte Zugriff auf eine andere Component (etwa via $parent) ist zwar prinzipiell möglich, aus unterschiedlichen Gründen jedoch nicht immer ratsam. Benötigt eine Component Zugriff auf die Daten einer anderen Component, bietet Vue hierfür Dependency Injection an. Dabei müssen die bereitzustellenden Daten einer Component zunächst über die Instanzeigenschaft provide definiert werden:

```
provide: function () {
 return {
  currentUser: this.user
 }
}
```

Eine Funktion liefert ein Objekt zurück, das unter den Attributen diverse Daten oder Funktionen der Component bereitstellt. Nun kann jede beliebige untergeordnete Component, die einen Zugriff auf diese Daten benötigt, dies über die Instanzeigenschaft inject definieren:

```
inject: ['currentUser']
```

Von der Nutzung von Dependency Injection in Anwendungen wird aber klar abgeraten, da dadurch Components enger verknüpft werden, was zukünftiges Refactoring erschwert. Ferner sind alle über Dependency Injection bereitgestellte Eigenschaften nicht reaktiv. In erster Linie ist Dependency Injection ein Mittel, das für die Entwicklung von eigenen Plug-ins für Vue nützlich sein kann. Dependency Injection sollte also nur bei kleineren Anwendungen in besonderen Fällen verwendet werden. Andernfalls ist der Einsatz von Vuex vorzuziehen.

Modals mit Portals fehlerfrei darstellen

Mit Single File Components lassen sich Styles über das Schlüsselwort scoped auf die Component beschränken. So werden Seiteneffekte beim Rendering vermieden. Hin und wieder reicht das jedoch nicht aus, etwa wenn die Template-Struktur nicht dem gewünschten Rendering entspricht:

```
<template>
 <div class="post">
  <h1 class="title">{{ post.title }}</h1>
  <div class="text" v-html="post.text">
  <div class="footer">
   <div class="meta">
    Author: {{ post.author.name }}
   </div>
   <div class="actions">
```

```
      <edit-modal :post="post">Edit</edit-modal>
    </div>
   </div>
  </div>
 </template>
```

Hier wird eine Modal Component zum Editieren innerhalb des Footers für einen Post erzeugt. Allerdings wird dadurch auch das HTML für das Pop-up in den Footers eingefügt. Falls die CSS-Klasse footer Eigenschaften wie etwa flexbox, color oder opacity definiert, kann es bei der Darstellung des Pop-ups Probleme geben. Ferner werden selbst mit scoped die Styles der Component für Posts auf ein untergeordnetes Root-Element (hier die Styles der CSS-Klasse actions auf <edit-modal>) angewendet.

Um dieses Problem zu lösen, können Portals verwendet werden. Mit Portals lassen sich Unterelemente an einer anderen Stelle innerhalb des DOM rendern. Analog zu React sollen Portals ab Vue 3 zum Kern des Frameworks gehören. Für Vue 2 muss man sich aber mit einer separaten Bibliothek behelfen, etwa portal-vue. Mit dieser Bibliothek verändert sich das Template wie folgt:

```
 <template>
  <div>
   <div class="post">
    <h1 class="title">
     {{ post.title }}
    </h1>
    <div class="text" v-html="post.text">
    <div class="footer">
     <div class="meta">
      Author: {{ post.author.name }}
     </div>
     <div class="actions">
      <portal to="editModal">
       <edit-modal :post="post">Edit</edit-modal>
      </portal>
     </div>
    </div>
   </div>
   <portal-target name="editModal"></portal-target>
  </div>
 </template>
```

Es ist zu beachten, dass `<portal-target>` nur einen Inhalt jeweils gleichzeitig darstellen kann. Sollen mehrere Elemente `<portal>` mit dem Target `editModal` arbeiten, ist mit `v-if` sicherzustellen, dass immer nur ein Element `<portal>` zurzeit aktiv ist.

Simple Kommunikation via Event-Bus

Für kleine Applikationen kann es einfacher sein, die Kommunikation zwischen Components mit Events zu realisieren. Allerdings können mit `$emit` ausgelöste Events nur von der übergeordneten Component aufgefangen werden. Gleichzeitig wäre die Verwendung von Vuex wohl zu überdimensioniert. Hier bietet sich ein Event-Bus als Lösung an. Für die Implementierung verwendet man eine zweite Vue-Instanz, die dann in die Root-Instanz integriert wird:

```
const eventBus = new Vue()
var vm = new Vue({
 el: '#app',
 data: {
  eventBus: eventBus
 }
})
```

Nun lassen sich Events über `this.$root.eventBus` innerhalb jeder Component auslösen oder auffangen. Wird ein Build-Prozess genutzt, kann die Implementierung noch vereinfacht werden. In einer separaten JavaScript-Datei *event-bus.js* wird dazu folgender Code hinterlegt:

```
import Vue from 'vue'
const EventBus = new Vue()
export default EventBus
```

Mit `import EventBus from './event-bus'` kann der Event-Bus jetzt in jede gewünschte Component importiert werden. Nun muss kein Umweg über die Root-Instanz gemacht werden, Events können direkt über `EventBus.$on` und `EventBus.$emit` behandelt werden. Alternativ kann hierfür auch ein globales Mixin genutzt werden.

Globale Styles für Components bereitstellen

Bei größeren Projekten wird man im Regelfall globale Styles definieren, die in jeder Component genutzt werden sollen. Dies ist in der Praxis oft eine SCSS-Datei, die im Build-Prozess etwa initiale Variablen mit den gewünschten Farben und Schriftgrößen definiert. Später ertappt man sich dabei, wie man diese Datei in jeder Single File Component immer wieder neu importiert:

```
<style lang="scss">
 @import "./scss/_variables.scss";
</style>
```

Mit dem Vue CLI kann dieser Schritt automatisiert werden. Dazu wird die optionale Datei *vue.config.js* mit folgendem Inhalt benötigt:

```
module.exports = {
 css: {
  loaderOptions: {
   sass: {
    data: '@import "@/scss/_variables.scss";'
   }
  }
 }
};
```

Durch diese Konfiguration wird die Datei *_variables.scss* für jede Single File Component vorab geladen. Das @/ im Dateipfad weist die Konfiguration an, im Unterordner *src* nach der Datei zu suchen. Die Single File Components müssen zudem in ihrem Block <style> das Attribut lang (also hier <style lang="scss"> definieren).

Anbindung externer Interfaces mit Axios

Die Kommunikation mit APIs gehört oft zu den Kernaufgaben vieler Webanwendungen. Allerdings bringt Vue hierfür keine eigene Lösung mit. Besonders populär ist daher die Verwendung von Axios. Nachdem diese Bibliothek über einen Paketmanager installiert wurde, kann sie etwa wie folgt in den Build-Prozess integriert werden:

```
window.axios = require('axios')
```

Im Anschluss kann Axios mit Vue genutzt werden:

```
<div id="app">
 {{ result }}
</div>

var vm = new Vue({
 el: '#app',
 data () {
  return {
   result: null
  }
 },
 mounted () {
  axios.get('https://yesno.wtf/api')
   .then(function(response) {
    this.result = response
   })
 }
})
```

Bei der Arbeit mit APIs ist es wichtig, dass eventuell auftretende Fehler korrekt abgefangen werden. Axios bietet dazu das Callback catch und zusätzlich finally an:

```
var vm = new Vue({
 el: '#app',
 data () {
  return {
   result: null,
   loading: false,
   failed: false
  }
 },
 mounted () {
  this.loading = true;
  axios.get('https://yesno.wtf/api')
   .then(function(response) {
    this.result = response
   })
   .catch(function(error) {
    console.log(error)
    this.failed = true
   })
```

```
      .finally(function() {
        this.loading = false
      })
    }
  })
```

Unter *https://github.com/axios/axios* ist die vollständige Dokumentation für Axios zu finden.

Sonderfälle beim reaktiven Data Binding

Das reaktive Data Binding gehört zu den mächtigsten Funktionen von Vue. Allerdings gibt es ein paar Sonderfälle, die an dieser Stelle noch einmal explizit erwähnt werden sollen. So lässt sich die langwierige Fehlersuche im Alltag oft abkürzen.

Vue kann nach der Initialisierung nicht erkennen, ob neue Attribute an das Objekt data angefügt oder bestehende Attribute entfernt wurden. Natürlich ist es trotzdem möglich, Attribute anzufügen oder zu entfernen, allerdings werden sie dann nicht reaktiv sein.

Aus diesem Grund sollten alle eventuell benötigten Datenattribute beim Erstellen der Instanz bereits Bestandteil des Objekts data sein. Dabei sind die Attribute am besten mit Standardwerten wie null, 0 oder [] zu versehen.

Eine Besonderheit gibt es hierbei jedoch. Zwar lassen sich keine neuen Attribute direkt an das Objekt data anfügen, allerdings kann ein Objekt aus data um neue Attribute ergänzt werden, die dann ebenfalls reaktiv sind. Dafür wird die Funktion Vue.set der Vue-Klasse oder alternativ die Instanzfunktion vm.$set verwendet:

```
Vue.set('user', 'age', 29)
```

Die Funktion Vue.set kommt auch bei Arrays zum Einsatz. Wird ein Array an einem bestimmten Index editiert (array[index] = value), wird Vue diese Änderung nicht mitbekommen. Stattdessen ist ebenfalls Vue.set zu benutzen:

```
Vue.set(array, index, value)
```

Auch Änderungen an der Länge eines Arrays werden nicht erkannt. Hier ist die Funktion splice zu verwenden, etwa um die Länge eines Arrays zu kürzen:

```
vm.users.splice(newLength)
```

Bei der Arbeit mit Objekten sind wie auch bei Arrays ein paar Dinge zu beachten. Sollen beispielsweise mehrere neue Attribute an ein Objekt über die Funktion Object.assign() hinzugefügt werden, sollte dabei immer ein komplett neues Objekt erzeugt werden. Angenommen, das Alter und das Geburtsdatum des Anwenders sollen an das Objekt user angefügt werden:

```
Object.assign(vm.user, {
  age: 29,
  birthday: '1989-01-11'
})
```

Es empfiehlt sich, stattdessen ein frisches Objekt zurückzugeben:

```
vm.user = Object.assign({}, vm.user, {
  age: 29,
  birthday: '1989-01-11'
})
```

Ebenfalls sollte angemerkt werden, dass auch die Verwendung der Funktion Object.freeze() Auswirkungen auf die Funktion von Vue hat. Diese Funktion verhindert die Änderung bestehender Attribute des Objekts. Damit einhergehend kann das Reaktivsystem von Vue dann keine Änderungen am Objekt mehr nachverfolgen.

Inline-Templates klug einsetzen

Vue bietet mit Inline-Templates eine Alternative an, um das Template einer Component zu definieren. Dabei wird über das spezielle Attribut inline-template der Inhalt der Component als Template definiert:

```
<my-component inline-template>
 <div>
  ...
 </div>
</my-component>
```

Generell sollte von der Verwendung von Inline-Templates abgesehen werden, da sie es erschweren, den Geltungsbereich des Templates klar zu erkennen. Dem steht der Vorteil gegenüber, dass der Inhalt der Component selbst als Template fungiert und somit flexibler gestaltet werden kann. In bestimmten Situationen ist das nützlich, etwa wenn das Projekt auf einem PHP-Framework basiert und ein Formular bereitstellt, das nun mit Vue vorab validiert werden soll:

```
<register-form inline-template>
 <form action="/register" method="POST">
  ...
  <button type="submit" :disabled="canSubmit">
   Register
  </button>
 </form>
</register-form>
```

Dieser Ansatz erspart die Definition einer umfassenderen Component mit Templates, Props und Slots, zumal diese Component ohnehin nur an einer einzigen Stelle eingesetzt werden soll.

Index

Über den Autor

Lars Peterke ist hauptberuflicher Software-Entwickler in Bremen. Bei der Arbeit konzentriert er sich auf die Fullstack-Entwicklung von Web-Applikationen, privat schreibt er journalistische Texte zu Themen im Gaming-Sektor und anderen Dingen, die er unter *lpeterke.de* dokumentiert.